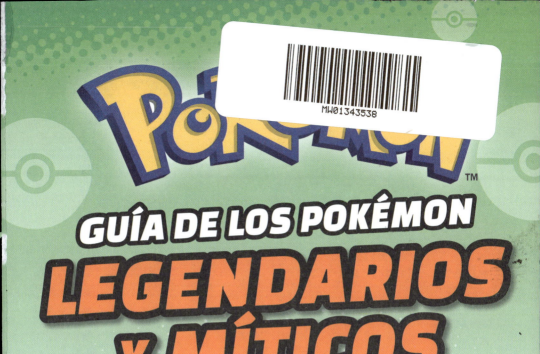

GUÍA DE LOS POKÉMON
LEGENDARIOS Y MÍTICOS

EDICIÓN OFICIAL SÚPER DELUXE

**DE
SIMCHA
WHITEHILL**

Altea

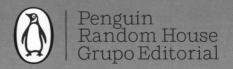

Guía de los Pokémon legendarios y míticos
Edición oficial súper deluxe

Título original: *Legendary and Mythical: Guidebook. Super Deluxe Edition*

Primera edición en España: septiembre, 2022
Primera edición en México: diciembre, 2022

© 2022 Pokémon ©1995-2022 Nintendo / Creatures Inc. / GAME FREAK Inc. TM, ®, and character names are trademarks of Nintendo.

Publicado originalmente por acuerdo con Scholastic Inc.

Publicado por Penguin Random House Grupo Editorial, S. A. U.
Travessera de Gràcia, 47-49, 08021, Barcelona

D. R. © 2022, derechos de edición mundiales en lengua castellana:
Penguin Random House Grupo Editorial, S. A. de C. V.
Blvd. Miguel de Cervantes Saavedra núm. 301, 1er piso,
colonia Granada, alcaldía Miguel Hidalgo, C. P. 11520,
Ciudad de México

penguinlibros.com

Traducido por Alícia Astorza Ligero

Penguin Random House Grupo Editorial apoya la protección del *copyright*.
El *copyright* estimula la creatividad, defiende la diversidad en el ámbito de las ideas y el conocimiento, promueve la libre expresión y favorece una cultura viva. Gracias por comprar una edición autorizada de este libro y por respetar las leyes del Derecho de Autor y *copyright*. Al hacerlo está respaldando a los autores y permitiendo que PRHGE continúe publicando libros para todos los lectores.

Queda prohibido bajo las sanciones establecidas por las leyes escanear, reproducir total o parcialmente esta obra por cualquier medio o procedimiento así como la distribución de ejemplares mediante alquiler o préstamo público sin previa autorización.
Si necesita fotocopiar o escanear algún fragmento de esta obra diríjase a CemPro (Centro Mexicano de Protección y Fomento de los Derechos de Autor, https://cempro.com.mx).

ISBN: 978-607-382-593-1

Impreso en México – **Printed in Mexico**

Esta obra se terminó de imprimir en los talleres de Impresora Tauro, S.A. de C.V.
Av. Año de Juárez 343, col. Granjas San Antonio, c.p. 09070, Ciudad de México.

ÍNDICE

Introducción 5
Pokémon legendarios y míticos de Kanto 7
Pokémon legendarios y míticos de Johto 15
Pokémon legendarios y míticos de Hoenn 25
Pokémon legendarios y míticos de Sinnoh 42
Pokémon legendarios y míticos de Unova 62
Pokémon legendarios y míticos de Kalos 84
Pokémon legendarios y míticos de Alola 92
Pokémon legendarios y míticos de Galar 118
Pokémon legendarios y míticos de una región desconocida 139

¡CONOCE A LOS POKÉMON LEGENDARIOS Y MÍTICOS!

Los increíbles Pokémon legendarios y míticos que descubrirás en este libro nos llegan directamente de las leyendas de Pokémon. Son muy fuertes, muchísimo más que la mayoría de los Pokémon, por muy habilidosos que estos sean, y es debido a ello por lo que tienen tanta influencia. Son Pokémon que han usado sus poderes para dar forma a la historia y, en algunos casos, al mundo entero.

Estos Pokémon habitan en las regiones de Kanto, Johto, Hoenn, Sinnoh, Unova, Kalos, Alola y Galar. Son muy pocos y, de hecho, muy poca gente los ha llegado a ver, pero estás a punto de conocerlos en exclusiva. ¿Qué estás esperando? ¡Pasa la página y descúbrelos!

POKÉMON LEGENDARIOS Y MÍTICOS DE KANTO

LAS AVES LEGEN

POKÉMON LEGENDARIO

POKÉMON CONGELAR

Altura
1,7 m

Peso
55,4 kg

Tipo
HIELO/
VOLADOR

ARTICUNO

A Articuno se le conoce como el Pokémon Congelar porque puede convertir a sus enemigos en hielo. Es tan poderoso que puede emprender el vuelo con tan solo sacudir su alargada y ondulada cola.

Cuando Articuno bate las alas, el aire se vuelve frío, y al levantar el vuelo suele provocar una nevada.

Mientras Ash y sus amigos se dirigían al Frente Batalla, se encontraron en medio de una tormenta de nieve, a pesar de que el día era soleado y caluroso. Al alzar la vista, ¡se dieron cuenta de que aquello era obra de Articuno!

DARIAS DE KANTO

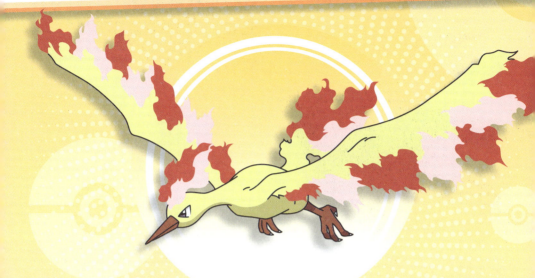

MOLTRES

Esta ave legendaria puede caldear el ambiente... ¡y también el campo de batalla! Si ves a Moltres, significa que el invierno está terminando y que se acerca la primavera. Pese a que este Pokémon indica un cambio de estación, hay algo que nunca cambia: el fuego siempre responde a sus deseos y caprichos. Además de emitir llamas, Moltres puede controlar el fuego. Cuando resulta herido, se adentra en un volcán activo y se baña en la lava para curarse.

Gracias a su capacidad para crear un infierno, las llamas de Moltres se usaron para encender la antorcha de la Liga Pokémon de Kanto. Ash se moría de ganas de portarla con las llamas del Pokémon legendario hasta el campo de batalla, y finalmente lo consiguió, pero entonces el Equipo Rocket le tendió una trampa y se la quitó. Por suerte, el presidente del comité había tenido la previsión de conservar una llama de Moltres en una linterna por si acaso. Aun a pesar de estar en una linterna, la potencia de la llama del Pokémon les permitió volver a encender la antorcha y hacer despegar al Equipo Rocket de nuevo.

POKÉMON LEGENDARIO

POKÉMON LLAMA

Altura
2,0 m

Peso
60,0 kg

Tipo
FUEGO/
VOLADOR

ZAPDOS

Es capaz de controlar la electricidad a voluntad y gana mucha fuerza cuando lo alcanza un rayo.

Si no hay tormenta, Zapdos descansa en un lago místico situado en la cima de una montaña cercana a la Ciudad Espinanegra. Hace mucho tiempo, durante una tormenta, un antiguo templo quedó sumergido bajo el lago. El santuario guardaba un cristal mágico que impregnó el agua. Desde entonces, el lugar atrae a Pokémon de tipo Eléctrico, que van a recuperarse en las mágicas corrientes del lago.

Ash una vez llevó a Pikachu a la orilla del lago para descansar y recobrar fuerzas. Cuando se recuperó del todo, apareció el Equipo Rocket y robó el cristal. Zapdos usó toda su energía para echarlos, así como su máquina para absorber la electricidad, pero el cristal también salió volando por los aires y desapareció. Tras luchar contra el Equipo Rocket, Ash y Pikachu lograron recuperar el cristal y devolverlo al lago. Sin embargo, pese a que volvía a estar en su sitio, bajo las aguas del lago, había perdido su brillo. Zapdos todavía estaba débil, así que Pikachu se armó de valor y usó un asombroso Impactrueno para transferirle energía. Esto le permitió al poderoso Pokémon Eléctrico recuperar fuerzas y recargar los poderes del cristal.

POKÉMON LEGENDARIO

POKÉMON ELÉCTRICO

Altura
1,6 m

Peso
52,6 kg

Tipo
ELÉCTRICO/
VOLADOR

MEW

Mew es alegre y muy divertido, pero eso no significa que no debas tomártelo en serio. Este pequeño Pokémon de color rosado desempeña un papel muy importante en la genética de los Pokémon.

Se dice que en las células de este Pokémon mítico, que destaca por su habilidad para hacerse invisible y pasar completamente desapercibido, se encuentra todo el código genético de los Pokémon.

Mew tiene un vínculo con el universo muy diferente al del resto de los Pokémon: es muy sensible a su entorno y le afecta que el delicado equilibrio de la naturaleza se vea alterado.

Debido a su gran poder y sus amplios conocimientos, suele ser un objetivo de los villanos y su vida ha estado en peligro en varias ocasiones.

POKÉMON MÍTICO

POKÉMON NUEVA ESPECIE

Altura
0,4 m

Peso
4,0 kg

Tipo
PSÍQUICO

MEWTWO

Unos científicos crearon a Mewtwo manipulando su carga genética. Ojalá lo hubiesen dotado con un poco de compasión...

Mewtwo es un Pokémon sumamente poderoso y también muy peligroso. Los humanos que crearon su cuerpo se olvidaron de proporcionarle un corazón.

POKÉMON LEGENDARIO

POKÉMON GENÉTICO

Altura
2,0 m

Peso
122,0 kg

Tipo
PSÍQUICO

MEGA-MEWTWO X

MEGA-MEWTWO Y

MEGA-MEWTWO X

POKÉMON GENÉTICO

Altura: 2,3 m
Peso: 127,0 kg
Tipo: PSÍQUICO/LUCHA

MEGA-MEWTWO Y

POKÉMON GENÉTICO

Altura: 1,5 m
Peso: 33,0 kg
Tipo: PSÍQUICO

POKÉMON LEGENDARIOS Y MÍTICOS DE JOHTO

HO-OH

Cuando el plumaje de Ho-Oh refleja la luz desde diferentes ángulos, resplandece con los colores del arcoíris. Según la leyenda, estas plumas proporcionan felicidad a quien posee alguna.
En su primer día como Entrenador, a Ash y a Pikachu les sorprendió una gran tormenta. Cuando el clima se calmó, su increíble amistad se había afianzado. Entonces apareció un arcoíris en el cielo y a Ash le pareció ver al legendario Ho-Oh surcando el aire.

Pero incluso un Pokémon que simboliza la luz y la felicidad puede experimentar la oscuridad. Una vez, un malvado rey de la antigua ciudad de Pokélantis quiso aprovecharse del poder especial de Ho-Oh para conquistar el mundo, pero, en cambio, fue Pokélantis la que acabó destruida y el espíritu del rey quedó atrapado en un orbe. Cuando Ash y sus amigos se toparon con las ruinas de la ciudad, el espíritu del cruel monarca poseyó al joven Entrenador. Pero gracias a su gran fuerza de voluntad, Ash pudo liberarse del hechizo.

Para celebrar la victoria de Ash, Ho-Oh echó a volar. Ver de nuevo al Pokémon legendario le trajo a Ash muchos recuerdos de sus inicios como Entrenador.

POKÉMON LEGENDARIO

POKÉMON ARCOÍRIS

Altura
3,8 m

Peso
199,0 kg

Tipo
FUEGO/VOLADOR

POKÉMON MÍTICO

POKÉMON VIAJETIEMPO

Altura
0,6 m

Peso
5,0 kg

Tipo
PSÍQUICO/
PLANTA

CELEBI

Celebi viajó a través del tiempo desde el futuro para llegar a este mundo, y la leyenda cuenta que su presencia es una señal de que nos espera un futuro brillante.

Además de viajar en el tiempo, este Pokémon puede deformarlo y modificarlo. Sin embargo, parece que solo se deja ver en épocas de paz.

Tiene una conexión con la naturaleza. Su vínculo con los bosques es especial y desempeña un papel destacado en la protección del medio ambiente.

LUGIA

Gracias a su impresionante fuerza, Lugia es capaz de derribar casas enteras batiendo las alas una sola vez. Para garantizar la seguridad de todo el mundo, este Pokémon legendario habita en lo más profundo del mar. Por eso es el gran guardián de los mares, aunque su habilidad más notable es la telepatía: puede comunicarse con los demás sin decir nada.

Ash y sus amigos conocieron a Lugia y a su cría cuando el Equipo Rocket se alió con Butch y Cassidy para capturar al pequeño Lugia para el profesor Namba. Aunque se esforzaron por salvar al pequeño pero poderoso Pokémon, al final el Equipo Rocket también los capturó a ellos y a Lugia. Pero Ash no se dio por vencido. Primero se ganó la confianza del Pokémon legendario y entonces le pidió a Pikachu que lo ayudara a liberarse del profesor Namba y sus malvados secuaces, y entre todos consiguieron escapar.

POKÉMON LEGENDARIO

POKÉMON BUCEO

Altura
5,2 m

Peso
216,0 kg

Tipo
PSÍQUICO/
VOLADOR

POKÉMON LEGENDARIO

POKÉMON TRUENO

Altura
1,9 m

Peso
178,0 kg

Tipo
ELÉCTRICO

RAIKOU

Cuando Raikou ruge, se estremecen el aire y la tierra. Este Pokémon se mueve a la velocidad del rayo. Sus rugidos son un recurso para asustar a los enemigos, pero también refuerzan sus estruendosos gruñidos. Además de ser tan veloz como un relámpago, lanza rayos desde el pelaje en forma de nubes de tormenta que tiene en el lomo. Gracias al vínculo que lo une con el clima, es más probable que lo veas durante una tormenta eléctrica, aunque no será fácil, puesto que se desplaza haciendo unos saltos increíbles.

ENTEI

Si ves que hay humo, es que hay fuego. En este caso, el humo que emana del lomo de Entei es una clara advertencia: cuidado con sus ataques de tipo Fuego, que queman más que la lava.

Se cuenta que nació de la erupción de un volcán, y sin duda este Pokémon legendario lleva el calor del magma en su ardiente corazón.

Curiosamente, Ash y sus amigos vieron a Entei en acción cuando un Entrenador retó a este Pokémon salvaje a un combate. Aunque Misdreavus estaba seguro de que su Mal de Ojo atraparía a Entei, el poderoso legendario escapó sin problemas y desapareció en un abrir y cerrar de ojos. Aun así, el Pokémon Volcán impresionó profundamente a Ash y sus amigos.

POKÉMON LEGENDARIO

POKÉMON VOLCÁN

Altura
2,1 m

Peso
198,0 kg

Tipo
FUEGO

SUICUNE

POKÉMON LEGENDARIO

POKÉMON AURORA

Altura
2,0 m

Peso
187,0 kg

Tipo
AGUA

Suicune, cuyo corazón es tan puro como el agua cristalina, es capaz de eliminar las partículas contaminantes de lagos y ríos.

Cuando este Pokémon legendario se acerca a un estanque sucio, el agua se purifica al instante hasta quedar limpia y renovada. Como su don es muy útil para mantener el delicado equilibrio del medio ambiente, se dice que Suicune viaja en la dirección de los vientos del norte corriendo de un lado a otro por si alguien lo necesita. Siempre está dispuesto a ayudar, tanto si se trata de la naturaleza como de las personas o los Pokémon.

Ash fue testigo de una de las asombrosas misiones de rescate de Suicune. De hecho, ¡el rescatado fue precisamente él! Junto a su amiga Paige y unos cuantos Drifloon iban a la deriva, cuando quedaron atrapados en medio de una intensa tormenta. Por suerte, la hermana de Paige, Marnie, que sabía dónde encontrar a Suicune le pidió ayuda y el Pokémon reaccionó enseguida. La chica saltó al lomo de este y fueron volando a salvar a Ash y a Paige de una caída muy peligrosa desde lo alto de una montaña. Pero antes de que Ash pudiera agradecérselo al Pokémon Aurora, este ya había desaparecido para seguir con su ronda de vigilancia.

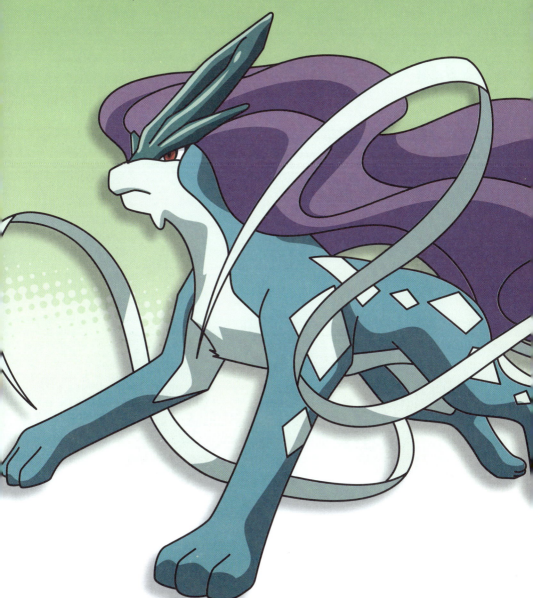

POKÉMON LEGENDARIOS Y MÍTICOS DE HOENN

DEOXYS

Deoxys, que nació a raíz de la mutación de un virus procedente del espacio, puede lanzar rayos láser desde el órgano cristalino que tiene en el pecho.

Su inteligencia es excepcional, aunque no está dentro de su cabeza. En realidad, su cerebro es ese mismo cristal del pecho. Deoxys suele dejarse ver cerca de las auroras boreales, con las que tiene un vínculo especial.

De camino a Ciudad Plateada, Ash y sus amigos se toparon con una aurora inusual y de repente sus PokéNavs y sus Pokébolas dejaron de funcionar. Además, vieron una bandada de Altaria y Swablu volando con una actitud extraña. En vista de ello se pusieron a investigar las alteraciones electromagnéticas y finalmente llegaron al punto donde se había estrellado el meteorito de Deoxys. Allí encontraron al Pokémon mítico, que tenía frío y miedo y se sentía solo en un mundo desconocido. Con la ayuda de sus nuevos amigos, el Pokémon mítico recuperó su Forma Normal. Deoxys estaba tan contento por haber hecho amigos que decidió embarcarse en un viaje para conocer a más gente.

POKÉMON MÍTICO

POKÉMON ADN

Altura
1,7 m

Peso
60,8 kg

Tipo
PSÍQUICO

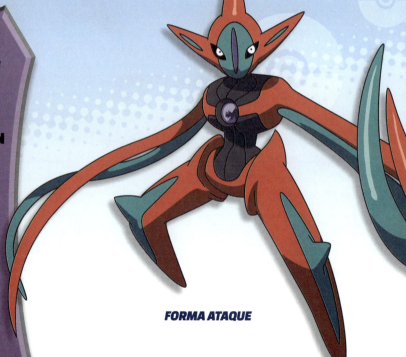

FORMA ATAQUE

JIRACHI

POKÉMON MÍTICO

POKÉMON DESEO

Altura
0,3 m

Peso
1,1 kg

Tipo
ACERO/
PSÍQUICO

Se dice que este Pokémon singular hará realidad cualquier deseo cuando despierte de su sueño milenario.

Según la leyenda, si escribes un deseo en uno de los papelitos que lleva en la cabeza y le cantas con una voz pura, despertará de su letargo y te concederá el deseo.

Una vez despierto, Jirachi dedicará una semana a hacer realidad todos los deseos que la gente le haya escrito y luego volverá a dormirse. Pero no creas que está completamente inconsciente. Si siente que está en peligro, atacará y destruirá a su enemigo sin abrir siquiera los ojos. ¡Nada puede perturbar su descanso!

KYOGRE   REGRESIÓN PRIMIGENIA

KYOGRE

Según se cuenta, Kyogre es el Pokémon que expandió los océanos, y cuando canaliza todo el poder de la naturaleza puede desencadenar tempestades muy violentas. Su gran enemigo es Groudon.

Las tormentas borrascosas de Kyogre pueden hacer que el nivel del mar suba muchísimo, hasta el punto de llegar a engullir la tierra. Una antigua leyenda explica que en una ocasión Kyogre se despertó de su letargo en una fosa oceánica y provocó una tormenta con un oleaje descomunal y unas lluvias torrenciales que lo inundaron todo. De modo que, si crees que por las mañanas te despiertas de mal humor, ¡que sepas que este no será nada comparado con el de este Pokémon legendario!

POKÉMON LEGENDARIO

POKÉMON CUENCA MAR

Altura
4,5 m

Peso
352,0 kg

Tipo
AGUA

REGRESIÓN PRIMIGENIA

POKÉMON CUENCA MAR

Altura
9,8 m

Peso
430,0 kg

Tipo
AGUA

POKÉMON LEGENDARIO

POKÉMON CONTINENTE

Altura
3,5 m

Peso
950,0 kg

Tipo
TIERRA

REGRESIÓN PRIMIGENIA

POKÉMON CONTINENTE

Altura
5,0 m

Peso
999,7 kg

Tipo
TIERRA/FUEGO

GROUDON

REGRESIÓN PRIMIGENIA

GROUDON

Según se dice, Groudon, cuyo enemigo acérrimo es Kyogre, es el Pokémon que expandió los continentes. Cuando reúne toda la energía de la naturaleza es capaz de ampliar la superficie terrestre mediante erupciones volcánicas.

El Pokémon Continente es uno de los legendarios de mayor peso: casi ronda la tonelada, y le gusta aprovechar su voluminoso cuerpo para atacar a los enemigos. Gracias a su capacidad para crear magma, puede evaporar el agua de los océanos y expandir así los continentes. La leyenda explica que duerme profundamente desde que se enfrentó a Kyogre en un intenso combate.

RAYQUAZA

Según cuenta la leyenda, el ancestral Pokémon Rayquaza habita en la capa de ozono y se alimenta de meteoritos. Es famoso por haber puesto fin a los continuos enfrentamientos entre Kyogre y Groudon.

Rayquaza es partidario de hacer siempre lo correcto, y es el único Pokémon capaz de detener los conflictos de Kyogre y Groudon y restablecer el orden. Nadie sabe cuándo empezó esta rivalidad, pero cuentan que Rayquaza nació hace cientos de millones de años. ¿Puedes imaginar lo grande que debe de ser su tarta de cumpleaños para que quepan en ella todas las velas?

POKÉMON LEGENDARIO

POKÉMON CIELO

Altura
7,0 m

Peso
206,5 kg

Tipo
DRAGÓN/
VOLADOR

MEGA-RAYQUAZA

POKÉMON CIELO

Altura
10,8 m

Peso
392,0 kg

Tipo
DRAGÓN/
VOLADOR

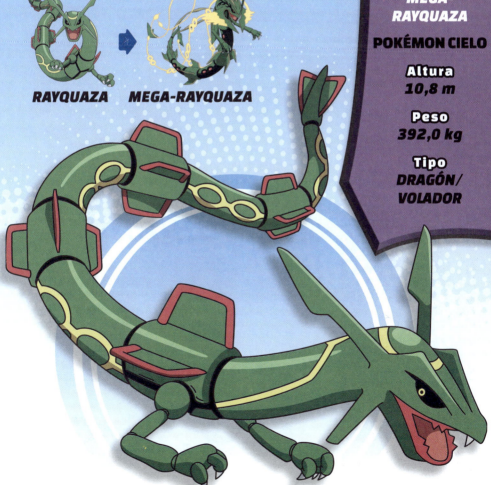

RAYQUAZA → MEGA-RAYQUAZA

DÚO EÓN

LATIOS

Latios puede proyectar imágenes en la mente de los demás para compartir información con ellos. Si pliega las patas delanteras, gana tanta velocidad de vuelo que podría vencer a un avión. Es capaz de entender a las personas cuando hablan, pero no se abre con cualquiera; solo conversa con Entrenadores compasivos. No le gusta combatir y prefiere razonar que usar la fuerza.

Ash tuvo la excepcional oportunidad de enfrentarse a este Pokémon tan esquivo con los combates. Fue en la semifinal de la Liga de Sinnoh, cuando combatió contra Tobias. Este escogió a Latios para luchar contra el Sceptile de Ash, y quedó derrotado a causa de un Gigaimpacto muy poderoso de Latios.

A continuación, Ash sacó a Swellow, pero Latios lo debilitó con Resplandor, y Ash entonces decidió continuar el combate con Pikachu. La Pantalla de Luz del Pokémon Eón redujo la fuerza de los ataques de Pikachu a la mitad, pero este contraatacó con una potente combinación de Placaje Eléctrico y Cola de Hierro que igualó la intensidad del Resplandor de Latios. La fuerza de los ataques de ambos hizo que ninguno de ellos pudiera seguir luchando. Aunque Tobias se alzó con la victoria, Ash se sintió muy orgulloso de Pikachu por el gran talento que había demostrado contra el Pokémon legendario.

POKÉMON LEGENDARIO

POKÉMON EÓN

Altura: 2,0 m
Peso: 60,0 kg
Tipo: DRAGÓN/PSÍQUICO

MEGA-LATIOS
POKÉMON EÓN

Altura: 2,3 m
Peso: 70,0 kg
Tipo: DRAGÓN/PSÍQUICO

LATIOS — MEGA-LATIOS

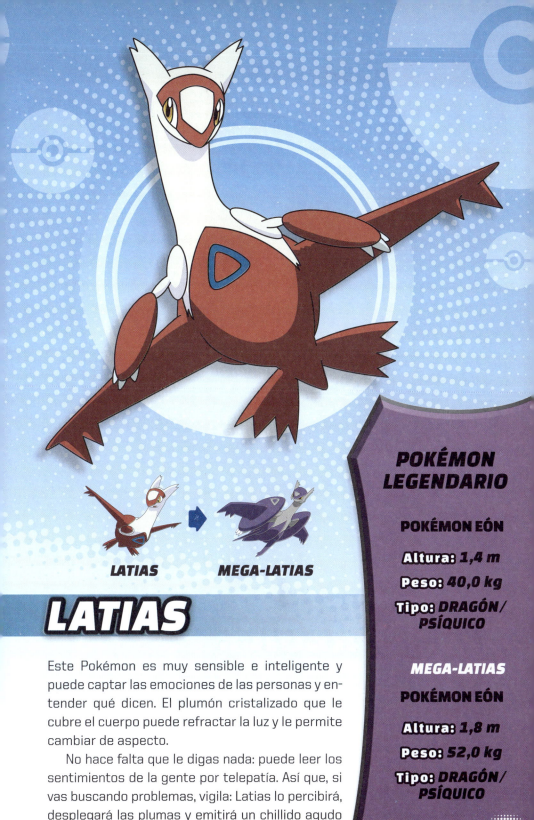

LATIAS

POKÉMON LEGENDARIO

POKÉMON EÓN
Altura: 1,4 m
Peso: 40,0 kg
Tipo: DRAGÓN/PSÍQUICO

MEGA-LATIAS
POKÉMON EÓN
Altura: 1,8 m
Peso: 52,0 kg
Tipo: DRAGÓN/PSÍQUICO

Este Pokémon es muy sensible e inteligente y puede captar las emociones de las personas y entender qué dicen. El plumón cristalizado que le cubre el cuerpo puede refractar la luz y le permite cambiar de aspecto.

No hace falta que le digas nada: puede leer los sentimientos de la gente por telepatía. Así que, si vas buscando problemas, vigila: Latias lo percibirá, desplegará las plumas y emitirá un chillido agudo que intimidará hasta al adversario más duro.

EL TRÍO LEGENDARIO

POKÉMON LEGENDARIO

POKÉMON ICEBERG

Altura
1,8 m

Peso
175,0 kg

Tipo
HIELO

REGICE

Regice fue creado durante una glaciación y su cuerpo está totalmente congelado, y ni siquiera la lava puede derretirlo. A causa de ello, es capaz de reducir la temperatura a su alrededor varios cientos de grados.

El hielo del cuerpo de este Pokémon data de la Antigüedad y se mantiene a una temperatura corporal de -200 °C, que hace que sea imposible fundirlo.

DE HOENN

REGIROCK

El cuerpo de Regirock está formado únicamente por rocas, que según se ha descubierto recientemente provienen de diferentes puntos del planeta.

Si resulta herido durante un combate o se le desprende alguna piedra, él mismo busca nuevas rocas para sustituirlas y recomponerse.

POKÉMON LEGENDARIO

POKÉMON PICO ROCA

Altura
1,7 m

Peso
230,0 kg

Tipo
ROCA

REGISTEEL

POKÉMON LEGENDARIO

POKÉMON HIERRO

Altura
1,9 m

Peso
205,0 kg

Tipo
ACERO

Registeel está compuesto por una extraña sustancia mucho más dura que cualquier metal conocido, y, de hecho, los pueblos antiguos llegaron a encerrarlo en una prisión.

Tras vivir bajo tierra durante miles de años, el metal de su cuerpo quedó muy compactado, y por ello los científicos no están completamente seguros de su composición. Curiosamente, la principal teoría sostiene que el metal de Registeel no puede encontrarse en la Tierra, sino que se trata de un material único de origen desconocido. Aunque el Pokémon legendario está hueco por dentro, el metal que lo recubre es tan fuerte que es indestructible. Resulta imposible aplastarlo o arañar su superficie.

LA BATALLA PARA PROTEGER A CUATRO POKÉMON LEGENDARIOS

Ash, Brock, Dawn, Piplup y Pikachu habían ido a visitar la Pirámide Batalla de Brandon, un As del Frente Batalla, y justo entonces apareció una visita sorpresa: Mary, la guardiana del Templo Snowpoint.

—Brandon, ¡una gente muy misteriosa ha rodeado la entrada al templo! —gritó la chica.

—Suban todos a la Pirámide Batalla, iremos allá ahora mismo —contestó Brandon.

Ash y sus amigos querían ayudar, así que se unieron a Brandon y se subieron en la Pirámide antes de que esta echara a volar. Ya en el aire, Mary les empezó a explicar la historia de su querido Templo Snowpoint.

—Según narra la leyenda, hace mucho tiempo un violento volcán entró en erupción y creó un mar de lava infernal que engulló toda la vegetación del bosque de Snowpoint. Cuando vieron que el río de magma bajaba por la ladera, enseguida se dieron cuenta de que se dirigía directamente a Ciudad Snowpoint.

»De la oscuridad surgió una deslumbrante luz azul que acompañaba al Pokémon legendario Regigigas. Este, junto con Regirock, Registeel y Regice, detuvo la fuerte erupción y evitó que siguiera calcinando todo lo que encontraba a su paso. Entre los cuatro salvaron la ciudad de la destrucción.

»Entonces Regigigas se transformó en una esfera rocosa que desprendía una luz azulada y cayó en un profundo letargo. Para proteger al gigante durmiente, Regirock, Regice y Registeel se convirtieron en tres columnas guardianas hechas de los tres elementos básicos de la tierra: la roca, el hielo y el acero. El Templo Snowpoint se alza sobre el lugar donde tuvieron lugar estas transformaciones mágicas. Los Pokémon legendarios se han mantenido ahí, sanos y salvos, desde hace varios siglos, hasta ahora...

Cuando la Pirámide Batalla se acercaba al templo, Brandon atisbó la fuente de los

problemas: era J, la cazadora Pokémon, a la que acompañaban sus secuaces. Parecía que su objetivo era capturar al Pokémon legendario Regigigas.

Antes de que Brandon y el resto de los tripulantes de la Pirámide Batalla pudieran reaccionar, J envió un enjambre de Metang y Skarmory para atacarlos en el aire.

¡Zas! ¡Bam! ¡Pop!

¡La Pirámide Batalla quedó atrapada en una lluvia de cientos de Bombas Lodo y potentes Focos Resplandor!, y uno de los motores se estropeó.

—¡Agárrense fuerte! —exclamó Brandon mientras iniciaba una maniobra de emergencia.

Aterrizaron con un golpe fuerte y seco y se deslizaron por el suelo hasta detenerse por completo. Luego corrieron todos hacia la mininave de Brandon para llegar hasta el templo.

—¡Han vuelto! —gritó uno de los hombres de J cuando vio que se aproximaban—. ¡Prepárense para otro ataque!

Nuevamente, un montón de Metang y Skarmory echaron a volar. Sin embargo, antes de que pudieran atacarlos, Ash chilló:

—¡Pikachu, usa Impactrueno, rápido!

—¡Piplup, Rayo Burbuja! —añadió Maya.

La combinación de ambos ataques les abrió un camino hacia las puertas del templo. Corrieron hasta el altar del interior del edificio, donde se encontraron cara a cara con J. La cazadora estaba muy orgullosa de la destrucción ocasionada en el templo y de los escombros que hasta poco antes eran las columnas de Regice y Regirock. Con el poderoso Salamence a su lado, J no pararía hasta destruir a los guardianes legendarios y despertar a Regigigas.

—¡Tienes que detenerte! —le suplicó María—. Si despiertas a Regigigas podría ocurrir un desastre.

—Hmmm —J se encogió de hombros y le hizo un gesto a Salamence para que volviera a usar Hiperrayo.

Con un movimiento rápido, este derribó la columna de Registeel, que cayó en el pasillo que daba al altar e impidió acercarse a Ash y a sus amigos.

—Ahora lo único que pueden hacer es quedarse ahí de pie y observar —dijo J con una sonrisa burlona.

Salamence empezó a disparar una serie de Lanzallamas hacia el orbe azul de Regigigas. De pronto, un triángulo grabado en el suelo se iluminó y emitió una fuerte luz rojiza. A continuación apareció Regigigas con un violento rugido.

El Pokémon legendario se puso a lanzar ataques a los muros del templo y el lugar sagrado comenzó a derrumbarse.

—¡Regigigas, tienes que parar! —le advirtió Ash tras esquivar una roca.

Pero era imposible intentar razonar con el enorme y furioso Pokémon.

—¡La rabia tan intensa que siente hace que pierda el control! —gritó Mary.

Todos los que estaban en el interior del templo echaron a correr para esquivar las rocas que caían a consecuencia de los brutales ataques de Regigigas. Incluso J y Salamence se vieron obligados a huir.

Brandon sacó a Regirock, Registeel y Regice para que los protegieran mientras salían por patas del templo, del cual lograron escapar finalmente gracias a la ayuda de estos tres Pokémon legendarios.

¡Bum! El templo entero se derrumbó hasta quedar reducido a una montaña de piedras. Sin embargo, a Regigigas le bastó un único y rabioso movimiento para liberarse y continuar atacándolos.

Brandon comprendió que la única manera de detener al Pokémon Colosal era capturarlo, así que pidió a Regirock, Registeel y Regice que lanzaran un ataque coordinado con Hiperrayo y Puño Certero. Sin embargo, el ataque triple no surtió efecto contra el enorme Pokémon.

—¡Los ha parado los tres de golpe con un único gesto! —exclamó Maya.

A continuación, Brandon le indicó a Regice que congelara a Regigigas con Rayo Hielo, y el Pokémon Colosal se convirtió en un iceberg.

—¡Lo has conseguido! —celebró Ash.

Sin embargo, la ira de Regigigas era muy fuerte y no tardó en agrietar la capa helada y transformarla en un montón de cubitos de hielo, ¡de modo que Regice, Registeel y Regirock volvieron a la acción!

Justo en ese momento, J reapareció sobre Salamence y ordenó a su Ariados que atara a Brandon y compañía con un Disparo Demora.

—¡J, no! —chilló Ash.

De pronto, el Pokémon Colosal los sorprendió a todos con Rayo Confuso, y eso hizo que Regirock, Registeel y Regice empezaran a obedecerle. Los tres atacaron a J hasta que la cazadora se vio obligada a retirarse de nuevo.

—¡Es tal y como se narra en la leyenda! Se han convertido en las tres columnas que protegen a Regigigas —exclamó María.

Los disparos continuaron mientras los cuatro se alejaban del templo. A medida que avanzaban lanzaban rayos en todas direcciones, dejando un camino de escombros rocosos tras de sí. ¡Y se dirigían a una localidad cercana!

—¡Si no los detenemos, ocurrirá un desastre! —dijo Brock preocupado.

Todo el grupo seguía intentando liberarse del Disparo Demora de Ariados.

—¡Croagunk! —gritó el amigo Pokémon de Brock al salir de su Pokébola.

El Pokémon enseguida liberó a su Entrenador, y entonces este ayudó a los demás a deshacerse de las pegajosas ataduras que los retenían. Luego, todo el grupo regresó a la mininave de Brandon y fueron en búsqueda de Regigigas, Regirock, Registeel y Regice.

Pero no eran los únicos que buscaban a los Pokémon legendarios. J y sus secuaces les habían tendido una trampa en un paso de montaña. Cuando atisbaron a Regigigas, J ordenó a uno de sus hombres que disparara al Pokémon a los pies y, a continuación, desde una nave le lanzaron un pegamento líquido que lo dejó inmovilizado.

Regirock, Registeel y Regice intentaron proteger a Regigigas de otro ataque de J.

—¡Apártense! —les gritó J, y les lanzó un ataque desde el cañón que tenía en la muñequera.

Ash y sus amigos llegaron justo a tiempo para ver que los ataques de J convertían a Registeel y Regice en rocas. Pero antes de que pudiera atacar a Regirock, Valente saltó de la mininave y se interpuso entre el Pokémon legendario y la cazadora. Cuando recibió el impacto del rayo de esta, ¡él también se convirtió en una roca!

—¡Brandon, no! —exclamó Ash.

Regigigas se fijó en Brandon y entendió que el hombre y sus compañeros solo intentaban protegerlo.

—¡Entrometidos chiflados! —gritó J, y los apuntó con su cañón.

Cuando Regigigas vio que sus nuevos amigos estaban en peligro, recuperó la fuerza necesaria para liberarse de la red de pegamento líquido de J y se puso delante de su rayo destructivo para proteger a Ash y compañía.

Fue entonces cuando ella se dio cuenta de que le había salido el tiro por la culata, y ordenó a sus hombres que se retiraran enseguida.

Sin embargo, pese a que la batalla había terminado, Valente, Regice y Registeel seguían atrapados en el interior de las piedras, y nuestros héroes no sabían cómo liberarlos.

—Brock, ¿no podemos hacer nada para devolverlos a su estado normal? —preguntó Ash.

—No lo sé... —admitió su amigo.

—¡Regigigas, por favor, perdónanos! —le suplicó Mary—. Siento mucho que no hayamos podido proteger tu letargo, pero te prometo que hemos hecho todo lo posible para salvarte. ¿Podrías salvarlos a ellos?

Él asintió con la cabeza para mostrarle que quería ayudarlos y a continuación usó Poder Oculto para cubrir las piedras con un manto brillante azulado. Las rocas se desvanecieron... ¡y Registeel, Regice y Brandon quedaron libres!

—Regigigas, ¿estás bien? —le preguntó Valente.

El Pokémon volvió a asentir. La rabia que había sentido antes había desaparecido, y Regigigas adoptó de nuevo la forma de una esfera rocosa azul.

—Nada volverá a perturbar el descanso de Regigigas —prometió Brandon.

El As del Frente Batalla juró cumplir la leyenda y devolver a Regirock, Regice y Registeel a sus legítimos lugares como las columnas guardianas que protegen a Regigigas. Ash y sus amigos estuvieron encantados de haber ayudado a restaurar la fe y la seguridad de los Pokémon legendarios.

POKÉMON LEGENDARIOS Y MÍTICOS DE SINNOH

SHAYMIN

POKÉMON MÍTICO

FORMA TIERRA

POKÉMON GRATITUD

Altura
0,2 m

Peso
2,1 kg

Tipo
PLANTA

Shaymin puede adoptar dos formas: la Forma Tierra y la Forma Cielo. La primera es tímida, mientras que la segunda es más atrevida. Sin embargo, a pesar de que tienen diferentes personalidades, comparten el mismo poder: Shaymin puede restituir plenamente un lugar que haya quedado muy afectado por la contaminación.

Cuando florecen las gracídeas, Shaymin alza el vuelo. Vaya donde vaya, purifica el aire de toxinas y brinda una sensación de gratitud.

Ash y sus amigos tuvieron la oportunidad de ver a un Shaymin de Forma Tierra transformarse en la Forma Cielo. Fue un día que se adentraron en el bosque y conocieron a Sémola, una chica que cuidaba de un Shaymin enfermo. Ash y compañía estuvieron encantados de ayudarla en la recuperación del Pokémon. Cuando encontraron un campo con gracídeas en flor, el Shaymin pudo transformarse en su Forma Cielo. Al Pokémon singular le salieron alas y ganó la seguridad en sí mismo para emprender el vuelo, y así llevar las gracídeas a todos los lugares del mundo.

POKÉMON MÍTICO

FORMA CIELO

POKÉMON GRATITUD

Altura
0,4 m

Peso
5,2 kg

Tipo
PLANTA/
VOLADOR

Planta	Eléctrico
Hielo	Lucha
Veneno	Tierra
Volador	Psíquico
Bicho	Roca
Fantasma	Dragón
Siniestro	Acero
Hada	Fuego
Agua	

POKÉMON MÍTICO

POKÉMON ALFA

Altura
3,2 m

Peso
320,0 kg

Tipo
NORMAL

ARCEUS

Según la mitología de la Región de Sinnoh, Arceus surgió de un huevo en medio de la nada y luego dio forma al mundo y a todo lo que en él se encuentra.

Por eso está considerado como el creador del universo y recibe el apodo de Pokémon Alfa.

POKÉMON MÍTICO

POKÉMON MARINO

Altura
0,4 m

Peso
3,1 kg

Tipo
AGUA

PHIONE

Suelen encontrarse en grandes grupos yendo a la deriva por mares cálidos. Tras flotar despreocupadamente siempre vuelven a casa, aunque se hayan alejado mucho.

Si el agua es cálida, se le infla la cabeza como si fuera un flotador y se dejan llevar por las corrientes del océano.

MANAPHY

Desde su nacimiento, Manaphy es capaz de formar fuertes vínculos con cualquier Pokémon, sea del tipo que sea. Tiene una gran habilidad para hacer nuevos amigos y un gran dominio de las emociones, lo que le permite ser muy empático. Por ejemplo, a veces usa Cambia Almas para que alguien se ponga en el lugar de otra persona en un conflicto y así lo vea desde otro punto de vista.

Manaphy no rehúye sus responsabilidades con la comunidad y a menudo actúa como el líder de los Pokémon en el océano, y por eso lo llaman el Príncipe del Mar.

POKÉMON MÍTICO

POKÉMON NÁUTICO

Altura
0,3 m

Peso
1,4 kg

Tipo
AGUA

POKÉMON LEGENDARIO

POKÉMON DOMO LAVA

Altura
1,7 m

Peso
430,0 kg

Tipo
FUEGO/ACERO

HEATRAN

A Heatran le gustan las altas temperaturas. De hecho, se dice que surgió del fuego, y su sangre fluye ardiendo como si fuese magma.

Este Pokémon legendario habita en cuevas volcánicas. Usa los pies para cavar en las rocas y es capaz de trepar por las paredes y los techos.

DARKRAI

Para defender su territorio, Darkrai adormece a los intrusos y los atormenta con terribles pesadillas.

Sin duda, el Pokémon Oscuridad está a la altura de su apodo. Según cuenta la leyenda, le gusta acechar a sus presas en las noches de luna nueva, y puede esconderse fácilmente ya que está hecho de sombras.

POKÉMON MÍTICO

POKÉMON OSCURIDAD

Altura
1,5 m

Peso
50,5 kg

Tipo
SINIESTRO

CRESSELIA

Las partículas brillantes que emiten las alas de Cresselia recuerdan a un velo. Este Pokémon legendario, que se dice que representa el creciente lunar, otorga felices sueños a la gente.

Su júbilo es lo único capaz de compensar la oscuridad de Darkrai. Ash y sus amigos comprobaron que el poder de Darkrai puede arruinarle la noche a cualquiera. Sucedió cuando fueron a Ciudad Canalave y descubrieron que todos los habitantes tenían pesadillas. Darkrai normalmente se dejaba ver por la ciudad una vez al año, y un Cresselia de la Isla Lunallena lo echaba después de que hubiese pasado una noche en la localidad. Sin embargo, ese año Darkrai había llegado antes y Cresselia no aparecía.

Ash y sus compañeros se ofrecieron para ayudar a la Oficial Jenny a encontrar a Cresselia. El Swinub de Dawn siguió el rastro del Pokémon Lunar hasta que llegó a un acantilado donde había un santuario en su honor. Entonces apareció el Pokémon legendario..., pero también el Equipo Rocket. Swinub luchó contra los tres villanos con tanto ímpetu que ¡evolucionó a Piloswine!

Cuando por fin fue liberado, Cresselia se dirigió a Ciudad Canal para enfrentarse a Darkrai, pero el Pokémon Oscuridad se acobardó y huyó. Como los lugareños finalmente podían volver a dormir tranquilos, Cresselia se despidió de Ash, Maya y sus amigos.

POKÉMON LEGENDARIO

POKÉMON LUNAR

Altura
1,5 m

Peso
85,6 kg

Tipo
PSÍQUICO

FORMA MODIFICADA

GIRATINA

Este Pokémon legendario fue desterrado a otra dimensión donde todo está distorsionado y del revés.

Se trata de un lugar extraño con una gravedad muy baja, y Giratina es el único Pokémon que puede moverse libremente entre el Mundo Distorsión y el mundo normal, que están conectados. Cuando el

FORMA ORIGEN

espacio-tiempo sufre daños, el Mundo Distorsión los repara, pero si Giratina ve que alguien causa un gran daño al espacio-tiempo, ¡no dudará en perseguirlo!

POKÉMON LEGENDARIO

FORMA MODIFICADA
POKÉMON RENEGADO

Altura: 4,5 m
Peso: 750,0 kg
Tipo: FANTASMA/DRAGÓN

FORMA ORIGEN
POKÉMON RENEGADO

Altura: 6,9 m
Peso: 650,0 kg
Tipo: FANTASMA/DRAGÓN

POKÉMON LEGENDARIO

POKÉMON ESPACIAL

Altura
4,2 m

Peso
336,0 kg

Tipo
AGUA/DRAGÓN

PALKIA

Cuenta la leyenda que Palkia puede distorsionar y agrietar el espacio, y en la Antigüedad lo veneraban como a una deidad.

Por todo Sinnoh se pueden encontrar santuarios dedicados a Dialga y Palkia. Se dice que Palkia vive en una dimensión paralela, y, puesto que no viaja al mundo de los Pokémon muy a menudo, no se sabe mucho de este legendario. Sin embargo, se cree que es capaz de alterar y dar forma al espacio.

DIALGA

Hay quien afirma que Dialga controla el tiempo con sus imponentes rugidos, y en la Antigüedad también lo veneraban como a una deidad. Según la leyenda, el tiempo comenzó cuando él nació. Gracias a su relación con el tiempo, goza de un control total sobre los relojes. El Pokémon Temporal puede someter cualquier instante a su voluntad usando Distorsión.

POKÉMON LEGENDARIO

POKÉMON TEMPORAL

Altura
5,4 m

Peso
683,0 kg

Tipo
ACERO/DRAGÓN

LOS GUARDIANES

POKÉMON LEGENDARIO

POKÉMON VOLUNTAD

Altura
0,3 m

Peso
0,3 kg

Tipo
PSÍQUICO

AZELF

Este Pokémon, conocido como el Ser de la Voluntad, se cree que brinda un equilibrio duradero al mundo. Los Pokémon legendarios Azelf, Mesprit y Uxie provienen del mismo huevo, y Azelf destaca por tener un don muy especial: la capacidad de estabilizar el mundo. Para poder mantener este equilibrio sin que se vea alterado, duerme en el fondo de un lago.

DEL LAGO

MESPRIT

Se dice que Mesprit, el Ser de la Emoción, trajo por primera vez la alegría y la melancolía al corazón de los humanos.

Este Pokémon legendario mostró a las personas la felicidad, la tristeza e incluso el dolor; unas emociones que añaden una profundidad maravillosa y compleja a la vida. Como Azelf, duerme en el fondo de un lago, pero se cree que a veces su espíritu deja el cuerpo y sobrevuela el agua.

POKÉMON LEGENDARIO

POKÉMON SENSORIO

Altura
0,3 m

Peso
0,3 kg

Tipo
PSÍQUICO

POKÉMON LEGENDARIO

POKÉMON SABIDURÍA

Altura
0,3 m

Peso
0,3 kg

Tipo
PSÍQUICO

UXIE

La leyenda cuenta que Uxie otorgó la inteligencia a los humanos, y por eso es conocido como el Ser de la Sabiduría.

Pero atención: ¡también puede quitártela! Según se explica, si lo miras fijamente a los ojos, puede borrarte la memoria.

REGIGIGAS

POKÉMON LEGENDARIO

POKÉMON COLOSAL

Altura
3,7 m

Peso
420,0 kg

Tipo
NORMAL

Los mitos afirman que Regigigas construyó diferentes versiones más pequeñas de sí mismo usando rocas, hielo y magma. Gracias a su tamaño, se dice que puede arrastrar un continente entero él solo.

Este Pokémon legendario tiene un vínculo con Regirock, Registeel y Regice. A pesar de que son de diferentes tipos, todos ellos se parecen a Regigigas en muchos aspectos: tienen voces robóticas, luces centelleantes en su cuerpo y habitan en lugares remotos y olvidados.

POKÉMON LEGENDARIOS Y MÍTICOS DE UNOVA

LOS ESPADACHINES

COBALION

POKÉMON LEGENDARIO

POKÉMON TESÓN ACERO

Altura
2,1 m

Peso
250,0 kg

Tipo
ACERO/
LUCHA

Tanto su cuerpo como su corazón son duros como el acero. Según narran las leyendas, protegía a los Pokémon de las personas que les querían hacer daño.

La mirada de Cobalion es aún más acerada que su cuerpo. Le basta con un solo vistazo para tranquilizar a los Pokémon más alborotados. No soporta las groserías ni las faltas de respeto, y no tiene ningún problema en recordar a los Pokémon (o a los seres humanos) que hay que tener buenos modales. De hecho, se dice que Cobalion defendía a los Pokémon de todos aquellos que se metían con ellos.

MÍSTICOS

VIRIZION

Desde tiempos remotos Virizion se desplaza a una velocidad espectacular que deja a sus oponentes aturdidos. Sus cuernos son elegantes y preciosos, y están tan afilados que recuerdan a unas cuchillas. Aunque pase a tu lado, puede que ni siquiera llegues a divisarlo debido a la rapidez con que se mueve. Intentar verlo en movimiento es como pretender seguir el viento. Si el Pokémon Prado decide quedarse en un sitio, puede rebanar a sus enemigos con los cuernos.

POKÉMON LEGENDARIO

POKÉMON PRADO

Altura
2,0 m

Peso
200,0 kg

Tipo
PLANTA/
LUCHA

POKÉMON LEGENDARIO

POKÉMON GRUTA

Altura
1,9 m

Peso
260,0 kg

Tipo
ROCA/LUCHA

TERRAKION

Las historias antiguas cuentan que Terrakion atacó un poderoso castillo para proteger a sus amigos Pokémon. Y para ello embistió un muro enorme y lo derribó por completo.

Pese a su aspecto tan musculoso, tiene un gran corazón y se preocupa por los Pokémon que están en apuros. Cuando una guerra humana obligó a un grupo de Pokémon a huir de su tranquilo hogar, Terrakion intervino para salvarlos.

FORMA BRÍO

FORMA HABITUAL

KELDEO

Keldeo recorre el mundo visitando playas y riberas, donde puede corretear por el agua. Si se lo propone, su cuerpo puede concentrar una gran fuerza que le permite alcanzar una velocidad cegadora.

De hecho, es muy difícil conseguir ver al Pokémon Potro, pues se desplaza con grandes brincos que son imposibles de ver para el ojo humano.

POKÉMON MÍTICO

POKÉMON POTRO

Altura
1,4 m

Peso
48,5 kg

Tipo
AGUA/LUCHA

POKÉMON MÍTICO

POKÉMON PALEOZOICO

Altura
1,5 m

Peso
82,5 kg

Tipo
BICHO/ACERO

GENESECT

El Equipo Plasma alteró este Pokémon mítico de hace más de 300 millones de años y lo equipó con el potente cañón que tiene en el lomo.

Antiguamente, este Pokémon de tipo Bicho no era más que un fósil..., hasta que intervino el malvado Equipo Plasma. Revivieron a Genesect y lo modificaron permanentemente.

VICTINI

Victini, según explican los mitos, sale victorioso de cualquier tipo de competición. A pesar de ser muy pequeño, este potente Pokémon produce una energía ilimitada que siempre comparte con los demás, ya sean Pokémon o personas, para que puedan recuperarse.

Si tienes a Victini en tu equipo, no puedes perder.

POKÉMON MÍTICO

POKÉMON VICTORIA

Altura
0,4 m

Peso
4,0 KG

Tipo
PSÍQUICO/
FUEGO

FORMA AVATAR

FORMA TÓTEM

POKÉMON LEGENDARIO

FORMA AVATAR
POKÉMON CENTELLA

Altura: 1,5 m

Peso: 61,0 kg

Tipo: ELÉCTRICO/ VOLADOR

FORMA TÓTEM
POKÉMON CENTELLA

Altura: 3,0 m

Peso: 61,0 kg

Tipo: ELÉCTRICO/ VOLADOR

THUNDURUS

Thundurus puede lanzar potentes descargas eléctricas desde las púas de su cola y es capaz de provocar aterradoras tormentas eléctricas que a menudo desencadenan incendios forestales.

Se cree que ha originado algunos fuegos legendarios. Si alguna vez te encuentras debajo de este espinoso Pokémon, vigila por si lanza algún rayo fulminante.

FORMA AVATAR

FORMA TÓTEM

TORNADUS

Envuelto en una nube, este Pokémon vuela a 300 km/h y provoca fuertes vendavales, capaces de derribar casas enteras.

Aunque apenas se deje ver un instante, su poder puede provocar daños muy duraderos. Con tan solo agitar la cola, genera un viento huracanado, y puede crear una fuerte tormenta liberando una pequeña parte de su energía. Al silbar, es capaz de crear una corriente de aire tan fuerte que puede tirar abajo varios edificios.

POKÉMON LEGENDARIO

FORMA AVATAR
POKÉMON TORBELLINO

Altura: *1,5 m*
Peso: *63,0 kg*
Tipo: *VOLADOR*

FORMA TÓTEM
POKÉMON TORBELLINO

Altura: *1,4 m*
Peso: *63,0 kg*
Tipo: *VOLADOR*

FORMA AVATAR

FORMA TÓTEM

POKÉMON LEGENDARIO

FORMA AVATAR

POKÉMON FERTILIDAD

Altura: 1,5 m
Peso: 68,0 kg
Tipo: TIERRA/VOLADOR

FORMA TÓTEM

POKÉMON FERTILIDAD

Altura: 1,3 m
Peso: 68,0 kg
Tipo: TIERRA/VOLADOR

LANDORUS

La llegada de este Pokémon favorece el crecimiento de los cultivos, puesto que usa la energía del viento y los rayos para nutrir el suelo. Por eso es conocido como el Señor de la Agricultura.

Aunque surca los cielos, tiene un poder excepcional sobre la tierra. Es capaz de convertir cualquier parcela, independientemente de su ubicación y su estado, en un terreno excelente para el cultivo. Con la cola fertiliza los campos y ayuda a producir unas cosechas magníficas, que crecerán instantáneamente y se harán más altas que los cultivos plantados a mano.

LA FURIA Y EL RESURGIMIENTO DE UNAS LEYENDAS

Ash y sus amigos Iris y Cilan fueron de visita a la Isla Milos en busca de Hierba Revivir, que se usa para curar a Pokémon heridos. Sin embargo, cuando llegaron, su guía, Lewis, les informó de que toda la Hierba Revivir que había encontrado estaba seca y, en consecuencia, ¡sus Pokémon estaban enfermando! Solo quedaba una Hierba Revivir en toda la isla.

Lewis estaba decidido a devolver la vida a la tierra de Milos, y para ello decidió organizar una Celebración de la Lluvia al día siguiente con su Pokémon, Gothorita. Ash, Iris y Cilan se morían de ganas de participar, de modo que Lewis les empezó a contar la leyenda de la Isla Milos...

—Hace mucho tiempo, Thundurus y Tornadus se enfrentaron en un combate épico. El valiente Landorus intervino para detener la lucha, pero resultó herido de gravedad. Los antiguos pueblos de la Isla Milos usaron Hierba Revi-

vir para sanar al Pokémon legendario, que finalmente recuperó las fuerzas y consiguió detener el combate entre los otros dos legendarios. Como agradecimiento a las personas que lo habían ayudado, Landorus convirtió la Isla Milos en un paraíso rebosante de Hierba Revivir.

A la mañana siguiente, nuestros héroes se dirigieron al santuario de Landorus, un gran pilar de piedra cubierto por grabados antiguos.

—¡Landorus! —gritó Lewis—. Toda la Hierba Revivir se ha secado. ¡Por favor, haz que llueva en la Isla Milos!

El Gothorita de Lewis repitió el mensaje acompañándolo de una melodía, y su voz creó un brillo rosado que viajó hasta las nubes.

De pronto, empezó a formarse un gran nubarrón oscuro. Al principio parecía que iba a ponerse a llover, pero entonces apareció una extraña forma en el cielo y... ¡de las nubes emergió Tornadus! El Pokémon legendario empezó a atacarlos con una ráfaga de Huracán y Corte Aéreo.

—¡Cuidado! —advirtió Iris—. ¿Por qué está tan enfadado Tornadus?

—Le debe de haber ocurrido algo a su obelisco de piedra —dijo Lewis.

Todos corrieron a investigarlo, y no tardaron en descubrir que el obelisco estaba destrozado. ¡No había forma de detener la furia del Pokémon Torbellino!

—¿Quién puede haber hecho algo así? —se preguntó Lewis.

Pero era peor de lo que esperaban: los cuatro amigos se dieron cuenta de que el obelisco de Thundurus también estaba hecho añicos. ¡Había dos Pokémon legendarios sueltos!

—¡Thuuuuuundurus! —gritó Thundurus.

—¡Torrrrrrnaaaaaadus! —respondió Tornadus, también a gritos.

Ambos empezaron a combatir, como en la leyenda de la Isla Milos.

—¡La batalla entre Tornadus y Thundurus ha empezado de nuevo! —constató Lewis.

—¡Tenemos que detenerlos! ¡Y deprisa! —exclamó Ash.

Snivy usó Tormenta de hojas. ¡Piu, piu, piu!

Excadrill atacó con Ataque centrado. ¡Pam!

Axew añadió Furia Dragón. ¡Bum!

Y Stunfisk envió una Bomba Fango. ¡Plaf!

Pero los Pokémon legendarios esquivaron sus ataques con gran facilidad, así que Luis le pidió a Gothorita que intentara razonar con ellos.

Este les cantó el mensaje de Lewis con todas sus fuerzas, pero tan solo consiguió que se enfadaran aún más. Los vendavales de Tornadus derribaron algunos árboles del bosque, y los rayos de Thundurus provocaron deslizamientos en la ladera de la montaña. Los Pokémon legendarios estaban decididos a acabar el uno con el otro y, en el proceso, ¡también destruirían la Isla Milos!

—Solo nos queda una opción —dijo Lewis—. Tenemos que encontrar a una doncella del santuario para invocar al guardián de la Isla Milos, Landorus.

—¿Y dónde encontraremos a una de estas doncellas? —preguntó Iris.

—¡Pues la tengo delante de las narices ahora mismo! —contestó Lewis.

Una vez que Iris se puso el vestido tradicional de la Isla Milos, ya estaba preparada para entrar en acción. Además, Lewis tenía unas piedras misteriosas que hacían aumentar el poder de Gothorita.

Cuando llegaron al obelisco de Landorus, Iris inclinó la cabeza:

—Landorus, te suplico de todo corazón que nos ayudes.

Recubierto por unos destellos rosados, Gothorita transmitió los sentimientos de la chica al santuario por medio de una melodía. Entonces apareció una fuerte luz amarilla que lo iluminó todo y a continuación se elevó hasta el cielo donde se transformó en una figura... ¡Era Landorus!

—¡Landorus! —Luis se dirigió al Pokémon legendario con respeto—. Tornadus y Thundurus están inmersos en una violenta batalla que destruirá la Isla Milos. ¡Por favor, detenlos!

—¡Landor! —respondió el Pokémon, y asintió con la cabeza. Estaba listo para hacer lo que le pedían.

Un relámpago atravesó el cielo, y Landorus lo siguió para ir a buscar a Tornadus y Thundurus. Cuando los encontró, les imploró que detuvieran la pelea.

—¡Thundurus! —rugió el Pokémon y disparó una Ataque centrado.

—¡Torrrrrrnadus! —gruñó el otro a modo de respuesta, y lanzó un Huracán.

Landorus había convencido a Tornadus y Thundurus de que dejaran de pelear el uno contra el otro... ¡Pero ahora habían unido fuerzas para atacarlo a él!

—¡Son dos contra uno! —exclamó Ash.

Landorus se defendió con un fuerte estallido de Extrasensorial, y Tornadus contraatacó con Brazo martillo, que hizo salir disparado a Landorus que chocó contra la ladera. ¡Estaba atrapado bajo el Ataque centrado de Thundurus!

De pronto, Landorus se liberó y usó Hiperrayo. Pero Tornadus respondió con Poder Oculto, y unas grandes rocas se desprendieron de la ladera de la montaña. ¡Crac!

—¡Landorus, detrás de ti! —gritó Luis.

Gothorita intervino y disparó Psicocarga para evitar que Thundurus lo atacara por sorpresa.

—¡Laaaaaandoruuuuuus! —El Pokémon lanzó un Hiperrayo que impactó de lleno en su objetivo.

Mientras Thundurus y Tornadus intentaban recuperarse de los ataques, Landorus quiso persuadirlos otra vez de que detuvieran el combate.

De pronto, ¡unas líneas láser rodearon a los tres Pokémon! Los láseres formaban tres jaulas cuadradas y cada una de ellas retenía a uno de los Pokémon legendarios.

—¡Thunduuuuuur! —chilló Thundurus, esforzándose por salir de su jaula.

Pero ni siquiera estos poderosos Pokémon eran capaces de romper los láseres de las jaulas cúbicas.

—¿Quién lo ha hecho? —quiso saber Luis.

—¿Quién? Excelente pregunta —respondió James. ¡Era el Equipo Rocket!

—¡Ustedes destrozaron los obeliscos! —exclamó Lewis.

—¡Qué listo eres! Y sabíamos que, cuando aparecieran los dos legendarios, tendrían que invocar a Landorus.

—¡Y ahora son nuestros! —añadió Jessie.

—No mientras estemos aquí —repuso Ash.

Iris, Lewis, Cilan y él indicaron a sus Pokémon que intentaran liberar a los legendarios.

Roggenrola disparó un Cañón Destello a las jaulas. ¡Paf!

Emolga usó Poder Oculto. ¡Pom!

Pansage lanzó un Rayo Solar. ¡Bum!

Gothorita añadió una Bola Sombra. ¡Fiu!

Cuando el humo de sus ataques se despejó, vieron que los tres Pokémon legendarios continuaban dentro de las jaulas.

El Equipo Rocket se montó en un helicóptero y cargó en él las tres jaulas.

—El que lo encuentra se lo queda. El que lo pierde llora —dijo James.

—¡Hasta nunca, llorones! —exclamó Meowth con una risita cuando el helicóptero despegó.

Pero Ash y sus amigos no iban a rendirse, así que esta vez lanzaron un ataque coordinado apuntando al helicóptero, en lugar de a las jaulas.

Roggenrola disparó otro Cañón Destello. ¡Pam!

Emolga insistió con Poder Oculto. ¡Pof!

Pansage volvió a usar Rayo Solar. ¡Bum!

¡Y esta vez funcionó! El aparato empezó a humear, y al Equipo Rocket no le quedó otra opción que soltar las jaulas, que cayeron sobre el valle.

—¡Laaandorus! —gritó Landorus, retorciéndose de dolor.

El Pokémon estaba herido y no podía continuar luchando, pero ¡Tornadus y Thundurus empezaron a atacarlo otra vez!

Solo había una cosa que podría salvar a Landorus: la última Hierba Revivir que tenían.

—¡Gothorita, lleva la Hierba Revivir a Landorus! —ordenó Lewis.

Gothorita empezó a cantar de nuevo y usó su potente brillo de color rosa para transportar la Hierba Revivir hasta Landorus, pero Thundurus y Tornadus lanzaron un ataque para evitar que la planta curativa llegara hasta él.

—¡Landorus! —exclamó el Pokémon, y usó Protección, lo que le permitió recibir la Hierba Revivir!

Después de recomponerse, volvió a elevarse hasta el cielo.

—¡Está pasando exactamente lo mismo que en la leyenda de la Isla Milos! —dijo Cilan.

¡El poderoso Landorus debilitó a Thundurus y Tornadus con un Hiperrayo! Entonces intentó razonar con ellos una vez más. Les puso una mano en el corazón a cada uno y les transmitió su esperanza de restaurar la paz en la Isla Milos. Gothorita se sumó a su súplica con una melodía.

—¡Parece que finalmente Landorus los ha podido convencer! —observó Ash.

Los nubarrones oscuros desaparecieron y la Isla Milos volvió a brillar con los rayos de sol. Sin embargo, la luz les permitió ver los daños que había sufrido el lugar por culpa de la pelea.

—¡Landorus, por favor, salva nuestra isla! —le imploró Lewis—. ¡Devuélvele su belleza para que la Hierba Revivir continue creciendo!

—¡Landorus! —prometió el Pokémon.

Pero no podía conseguirlo él solo. Necesitaba a sus hermanos legendarios, para restaurar el delicado equilibrio de la isla.

Con el poder sobre la lluvia de Thundurus y el poder sobre el viento de Tornadus, además de las semillas de Hierba Revivir que aportó Landorus, la planta volvió a brotar por toda la isla.

—¡Qué maravilla! —exclamó Lewis, asombrado—. ¡Landorus, Tornadus, Thundurus, muchas gracias!

—¡Gracias! —se sumaron sus tres amigos.

Lewis prometió seguir cuidando la Isla Milos. Cuando se despidieron de su nuevo amigo, Ash, Iris y Cilan sabían que la dejaban en buenas manos.

EL TRÍO LEGENDARIO

ZEKROM

POKÉMON LEGENDARIO

POKÉMON NEGRO PURO

Altura
2,9 m

Peso
345,0 kg

Tipo
DRAGÓN/
ELÉCTRICO

Se dice que Zekrom ayuda a quienes persiguen un mundo de ideales. Se rodea de nubarrones oscuros para ocultar su presencia mientras viaja y tiene la habilidad de generar electricidad con la cola, lo que le permite lanzar rayos. La próxima vez que haya tormenta, puede que te preguntes si es culpa del clima o si la está provocando el Pokémon Negro Puro.

En una ocasión, la profesora Juniper se preguntó si Zekrom era el responsable de que su Computadora se desconectara de la red. Sin embargo, aunque a veces provoque algún problema tecnológico, no hay que preocuparse: Zekrom siempre tiene las mejores intenciones.

DE UNOVA

RESHIRAM

Las leyendas afirman que Reshiram se siente atraído por quienes valoran la verdad. La llamarada de su cola puede alterar la atmósfera y provocar extraños fenómenos climáticos.

Aunque es tan blanco como la nieve, en realidad es abrasador. De hecho, es capaz de provocar incendios devastadores. No dudará en usar sus increíbles poderes para proteger a los que quieren construir un mundo veraz.

POKÉMON LEGENDARIO

POKÉMON BLANCO VERAZ

Altura
3,2 m

Peso
330,0 kg

Tipo
DRAGÓN/FUEGO

POKÉMON LEGENDARIO

POKÉMON FRONTERA

Altura: 3,0 m
Peso: 325,0 kg
Tipo: DRAGÓN/HIELO

KYUREM

Cuando una fuga dejó salir la energía gélida del interior de Kyurem, se le congeló todo el cuerpo. Las leyendas cuentan que algún día un héroe compensará el vacío de su cuerpo con verdades e ideales.

Kyurem es un ser bastante frío y no le gustan las mentiras. Su energía gélida también podría congelar a sus contrincantes. Sin embargo, como es fácil que se produzcan fugas, Kyurem se ha congelado accidentalmente a sí mismo.

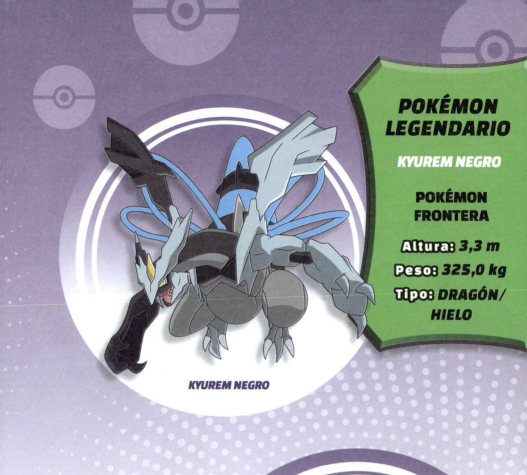

POKÉMON LEGENDARIO

KYUREM NEGRO

POKÉMON FRONTERA

Altura: *3,3 m*
Peso: *325,0 kg*
Tipo: *DRAGÓN/ HIELO*

KYUREM NEGRO

POKÉMON LEGENDARIO

KYUREM BLANCO

POKÉMON FRONTERA

Altura: *3,6 m*
Peso: *325,0 kg*
Tipo: *DRAGÓN/ HIELO*

KYUREM BLANCO

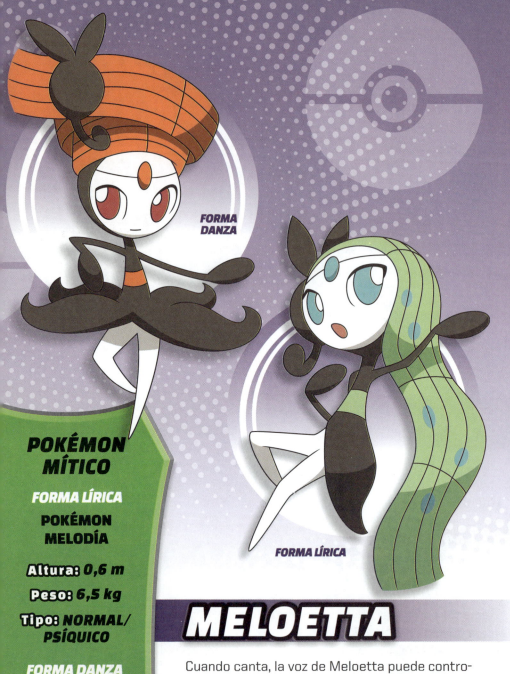

FORMA DANZA

FORMA LÍRICA

POKÉMON MÍTICO

FORMA LÍRICA

POKÉMON MELODÍA

Altura: 0,6 m
Peso: 6,5 kg
Tipo: NORMAL/ PSÍQUICO

FORMA DANZA

POKÉMON MELODÍA

Altura: 0,6 m
Peso: 6,5 kg
Tipo: NORMAL/ LUCHA

MELOETTA

Cuando canta, la voz de Meloetta puede controlar las emociones de las personas y los Pokémon. Las preciosas melodías de este Pokémon mítico son capaces de provocar una gran tristeza o una felicidad desbordante.

Tras su dulce voz se oculta un poder increíble. Este Pokémon vuelca todas sus emociones en las canciones y puede transformar el estado de ánimo de quienes escuchen sus melodías.

MELOETTA Y ASH: LA EVOLUCIÓN DE UNA AMISTAD

Ash tiene un vínculo especial con el Pokémon Melodía. Siempre que está en apuros, ¡Ash interviene para salvarlo! Pero el vínculo también funciona en la otra dirección: cuando Ash tiene problemas, Meloetta aparece para ayudarlo. Así es como evolucionó su amistad...

El joven Entrenador conoció a Meloetta en los Estudios Cinematográficos Pokéwood, en Ciudad Virbank, cuando evitó que el Pokémon cayera desde lo alto de un decorado. Ash siempre está dispuesto a echar una mano a los Pokémon que necesitan ayuda, así que no le dio mucha importancia, pero Meloetta quedó muy impresionado y empezó a seguirlo en secreto en sus aventuras.

Cuando el Equipo Rocket vio una oportunidad para robar a Meloetta, le lanzó su red eléctrica. El Pokémon logró escapar, pero cayó por una gran colina y terminó en medio de una carretera. Por suerte, justo entonces Ash y sus amigos pasaron por allí en el camión de Cynthia. Se detuvieron de inmediato para salvar al Pokémon mítico y Ash usó los medicamentos de Cynthia para curarlo. Cuando se recuperó, Meloetta alzó el vuelo y se alejó, pero no fue la última vez que nuestros héroes vieron o escucharon al Pokémon Melodía.

La voz de Meloetta tiene una misteriosa fuerza muy potente. En una ocasión, un Onix empezó a perseguir a Ash y sus amigos, pero los chicos eran incapaces de luchar contra él. Sin embargo, el Pokémon mítico se puso a cantar y al oír la increíble voz de Meloetta, un segundo Onix muy valiente quedó completamente conmocionado y detuvo al primero para que no los atacara.

Aunque Meloetta es sumamente tímido, ¡no se perdió la oportunidad de animar a Ash en la Copa Junior! Incluso cuando este no competía, Meloetta no le quitaba el ojo de encima a él y a sus amigos. El Pokémon lo ayudó a encontrar cobijo y comida un día que empezó a llover, y también le echó una mano para cruzar un puente roto. Ciertamente, el Pokémon Melodía es tan dulce como sus canciones.

POKÉMON LEGENDARIOS Y MÍTICOS DE KALOS

VOLCANION

Como los Pokémon de tipo Fuego suelen ser débiles frente a los de tipo Agua, podría parecer extraño que un Pokémon sea de ambos tipos, pero en realidad Volcanion es muy poderoso precisamente gracias a esta combinación. Cuando el fuego calienta el agua, se convierte en vapor, y eso le permite disparar unos chorros de vapor con una potencia tan descomunal que podrían arrasar una montaña.

A pesar de su gran fuerza, Volcanion prefiere mantenerse oculto: habita en las montañas, lejos de los humanos. Aunque la potencia del vapor que expulsa por los brazos es muy destructiva, suele usarlo para crear nubes que tapen sus movimientos. Si está en apuros, prefiere desaparecer bajo un manto de vapor en lugar de atacar.

POKÉMON MÍTICO

POKÉMON VAPOR

Altura
1,7 m

Peso
195,0 kg

Tipo
FUEGO/AGUA

XERNEAS

POKÉMON LEGENDARIO

POKÉMON CREACIÓN

Altura
3,0 m

Peso
215,0 kg

Tipo
HADA

Los cuernos de Xerneas brillan con todos los colores del arcoíris, y se cree que este Pokémon legendario puede compartir el don de la vida eterna.

Antes de renacer, adoptó la forma de un árbol y durmió durante mil años. Después de un sueño tan reparador, no es de extrañar que Xerneas sea tan especial.

YVELTAL

Cuando extiende sus oscuras alas, sus plumas emiten un brillo rojizo. Cuentan que este Pokémon legendario puede absorber la vitalidad de los demás.

La luz carmesí que se aprecia bajo sus alas es de una belleza asombrosa, pero atención: ¡podría usarla para embaucarte y absorberte la energía!

POKÉMON LEGENDARIO

POKÉMON DESTRUCCIÓN

Altura
5,8 m

Peso
203,0 kg

Tipo
SINIESTRO/
VOLADOR

ZYGARDE FORMA 50%

ZYGARDE FORMA 10%

ZYGARDE FORMA COMPLETA

POKÉMON LEGENDARIO

POKÉMON EQUILIBRIO

ZYGARDE FORMA 50%
Altura: 5,0 m
Peso: 305,0 kg
Tipo: DRAGÓN/ TIERRA

ZYGARDE FORMA 10%
Altura: 1,2 m
Peso: 33,5 kg
Tipo: DRAGÓN/ TIERRA

ZYGARDE FORMA COMPLETA
Altura: 4,5 m
Peso: 610,0 kg
Tipo: DRAGÓN/ TIERRA

ZYGARDE

Zygarde habita en las profundidades de una cueva en la Región de Kalos, y se dice que es el guardián del ecosistema.

Prefiere pasar desapercibido, pero se dejará ver si peligra el delicado equilibrio del ecosistema.

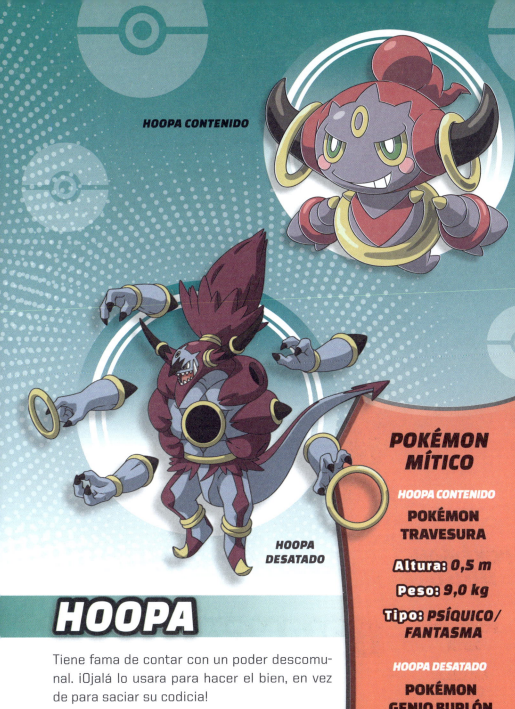

HOOPA CONTENIDO

HOOPA DESATADO

HOOPA

Tiene fama de contar con un poder descomunal. ¡Ojalá lo usara para hacer el bien, en vez de para saciar su codicia!

Su afán por las riquezas no conoce límites. Y, como tiene la fuerza de un Pokémon mítico, puede permitirse el lujo de apoderarse de todo lo que quiera. En una ocasión se obsesionó con un tesoro, así que robó la fortaleza real entera. ¿Te imaginas cargar con un edificio enorme de ladrillos solo porque quieres unas baratijas?

POKÉMON MÍTICO

HOOPA CONTENIDO
POKÉMON TRAVESURA

Altura: 0,5 m
Peso: 9,0 kg
Tipo: PSÍQUICO/FANTASMA

HOOPA DESATADO
POKÉMON GENIO BURLÓN

Altura: 6,5 m
Peso: 490,0 kg
Tipo: PSÍQUICO/SINIESTRO

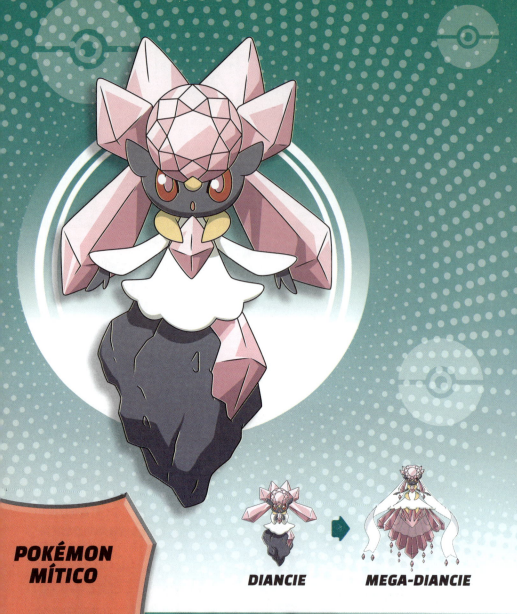

DIANCIE — MEGA-DIANCIE

POKÉMON MÍTICO

POKÉMON JOYA

Altura
0,7 m

Peso
8,8 kg

Tipo
ROCA/HADA

DIANCIE

Al ser conocido como el Pokémon Joya, quizá deberíamos medirlo en quilates. Sin duda, es verdaderamente deslumbrante.

Brilla y resplandece como una piedra preciosa. Este Pokémon mítico, que irradia destellos rosados, cautiva a cualquiera que tenga la fortuna de verlo.

Según la mitología, cuando Carbink se transforma súbitamente en Diancie, su deslumbrante apariencia es lo más bonito de este mundo. Tiene el poder de crear diamantes con las manos comprimiendo el carbón de la atmósfera.

POKÉMON MÍTICO

MEGA-DIANCIE

POKÉMON JOYA

Altura: 1,1 m
Peso: 27,8 kg
Tipo: ROCA/HADA

POKÉMON LEGENDARIOS Y MÍTICOS DE ALOLA

POKÉMON MÍTICO

POKÉMON ARTIFICIAL

Altura
1,0 m

Peso
80,5 kg

Tipo
ACERO/HADA

MAGEARNA

Unos inventores humanos crearon a Magearna hace varios siglos. Su cuerpo mecánico no es más que un recipiente para su auténtica esencia: la Coránima, el núcleo que tiene en el torso. Este asombroso avance tecnológico se conoce como el Pokémon Artificial.

A pesar de ser un robot, es un Pokémon altamente funcional y poderoso, y también muy sensible. Entiende a los humanos cuando hablan y es capaz de sentir las emociones de los otros Pokémon e incluso descifrar sus pensamientos. Si un Pokémon está herido o en peligro, Magearna no dudará en ayudarlo, puesto que no soporta ver a los demás sufriendo.

La Coránima fue creada por los humanos usando la energía vital de otros Pokémon. Es la parte más viva de todo el cuerpo de Magearna y parece un orbe reluciente.

Cuando duerme, Magearna se pliega hasta formar una esfera que recuerda a una Pokébola. También se sabe que adopta esta forma cuando está triste.

POKÉMON LEGENDARIO

POKÉMON NEBULOSA

Altura
0,2 m

Peso
0,1 kg

Tipo
PSÍQUICO

COSMOG

Este misterioso Pokémon legendario es uno de los secretos mejores guardados de Alola. Según narra la leyenda, hubo una época en que los únicos que conocían a este Pokémon eran los reyes de Alola. Ahora, la Fundación Æther, una afamada organización de Alola que vela por la salud de los Pokémon, ha investigado a este Pokémon tan único y relativamente desconocido.

Lo que sí sabemos es que Cosmog no es nada tímido. Al contrario, es atrevido y curioso, y siempre está dispuesto a hacer nuevos amigos. Si le demuestras amabilidad, enseguida te tratará como a un amigo. Por desgracia, como es muy confiado, a menudo se ve envuelto en situaciones peligrosas.

Hay quien afirma que Cosmog llegó a la Región de Alola desde otro mundo, pero sus orígenes están rodeados de misterio. Este Pokémon, también conocido como el Hijo de las Estrellas, se forma al concentrar partículas de polvo de la atmósfera. Por eso recibe la categoría de Pokémon Nebulosa. Cuando le da la luz del Sol, su cuerpo absorbe el brillo del astro y crece. Asimismo, puede continuar haciéndolo si acumula más polvo atmosférico. Sin embargo, por mucho que crezca, seguirá siendo ligero, ya que su cuerpo está hecho de una materia gaseosa, y siempre se deja llevar por el viento.

COSMOG → **COSMOEM**

SOLGALEO **LUNALA**

COSMOEM

No hay que subestimar a este Pokémon por su tamaño. ¡El legendario Cosmoem pesa casi una tonelada! Se desconoce por qué es tan pesado, y su núcleo contiene una sustancia no identificada.

Cosmoem permanece inmóvil, simplemente irradia una suave calidez que se forma en el interior del duro caparazón que lo envuelve. Hace tiempo, lo apodaron la Crisálida de las Estrellas, y algunas personas creen que sus orígenes se encuentran en otro mundo.

Si alguna vez ves a Cosmoem, seguramente te preguntarás si está vivo, porque no se mueve ni un milímetro. Sin embargo, si tocas la parte central del cuerpo del Pokémon Protostrella notarás el ligero calor que desprende.

POKÉMON LEGENDARIO

POKÉMON PROTOESTRELLA

Altura
0,1 m

Peso
999,9 kg

Tipo
PSÍQUICO

COSMOG → COSMOEM

SOLGALEO   LUNALA

POKÉMON LEGENDARIO

POKÉMON CORONA SOLAR

Altura
3,4 m

Peso
230,0 kg

Tipo
PSÍQUICO/ ACERO

SOLGALEO

Su cuerpo irradia una luz resplandeciente que puede eliminar la oscuridad de la noche. Al parecer, este Pokémon legendario reside en otro mundo, y solo regresa a su hogar cuando se abre su tercer ojo.

Cuando se deja ver en el mundo Pokémon, puede observarse su sorprendente parecido con el sol, especialmente en su pelaje, que recuerda a una estrella. Gracias a su poder radiante, desde tiempos remotos se considera que es el embajador del sol. También se lo conoce como la «criatura que se nutre del Sol». Se cree que es la evolución final macho de Cosmog.

COSMOG

COSMOEM

SOLGALEO

LUNALA

POKÉMON LEGENDARIO

POKÉMON CORONA LUNAR

Altura
4,0 m

Peso
120,0 kg

Tipo
PSÍQUICO/
FANTASMA

LUNALA

Las grandes alas de Lunala absorben la luz y dejan en sombra incluso el día más soleado. Dicen que este legendario Pokémon vive en otro mundo, al que solo regresa cuando se abre su tercer ojo.

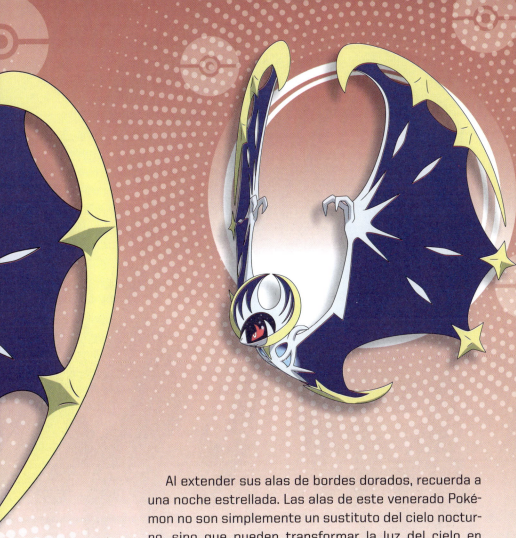

Al extender sus alas de bordes dorados, recuerda a una noche estrellada. Las alas de este venerado Pokémon no son simplemente un sustituto del cielo nocturno, sino que pueden transformar la luz del cielo en energía. De hecho, recibe el apodo de «mensajero de la Luna». Desde la Antigüedad, también se lo conoce como la «criatura que invoca la Luna». Se cree que es la evolución final hembra de Cosmog.

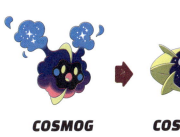

COSMOG

COSMOEM

SOLGALEO

LUNALA

POKÉMON LEGENDARIO

POKÉMON PRISMA

Altura
2,4 m

Peso
230,0 kg

Tipo
PSÍQUICO

NECROZMA

Hay quien cree que Necrozma llegó de otro mundo hace miles de millones de años. Cuando se despierta de su letargo subterráneo, absorbe la luz y la usa como energía para disparar rayos láser. También es capaz de drenar energía de sus enemigos.

¡Ni se te ocurra despertar a este Pokémon legendario! Y no pises muy fuerte al andar, porque Necrozma hiberna bajo tierra. Una vez que este cruel y feroz Pokémon se levante, sus brazos no dejarán de emitir

NECROZMA MELENA CREPUSCULAR

NECROZMA ALAS DEL ALBA

ULTRA-NECROZMA

POKÉMON LEGENDARIO

NECROZMA MELENA CREPUSCULAR
Altura: 3,8 m
Peso: 460,0 kg
Tipo: PSÍQUICO/ACERO

NECROZMA ALAS DEL ALBA
Altura: 4,2 m
Peso: 350,0 kg
Tipo: PSÍQUICO/FANTASMA

ULTRA-NECROZMA
Altura: 7,5 m
Peso: 230,0 kg
Tipo: PSÍQUICO/DRAGÓN

unos fulminantes rayos láser capaces de atravesarlo todo.

Este fiero Pokémon se enfada aún más cuando está agotado, e incluso puede que parezca que está sufriendo. Pero no se debe confundir la debilidad con la vulnerabilidad; Necrozma siempre es un oponente implacable.

POKÉMON MÍTICO

POKÉMON MORASOMBRA

Altura
0,7 m

Peso
22,2 kg

Tipo
LUCHA/
FANTASMA

MARSHADOW

Son muy pocos los que han visto a Marshadow. De hecho, durante mucho tiempo se creía que no era más que un rumor. Siempre se oculta entre las sombras y observa a los demás para imitar sus movimientos. Tiene la extraordinaria habilidad de copiar perfectamente a los otros Pokémon, sus movimientos y su fuerza. Se concentra mucho en sus imitaciones para que sean perfectas, e incluso puede llegar a ser más poderoso que el Pokémon al que imita.

FORMA CÉNIT

Este legendario es el primer Pokémon conocido de tipo Lucha-Fantasma. Como los Pokémon de tipo Psíquico son débiles frente a los de tipo Fantasma, Marshadow juega con una ventaja impresionante.

Aunque es un imitador de gran talento, no le gusta ser el centro de atención y teme que lo descubran. Por eso se mantiene oculto en un lugar desde el que pueda observar sin ser visto. Es muy raro que otro Pokémon llegue a atisbar a este Pokémon tan tímido y escurridizo, y aún más que lo consiga un humano.

POKÉMON LEGENDARIO

POKÉMON DIOS NATIVO

Altura
1,9 m

Peso
45,5 kg

Tipo
PLANTA/
HADA

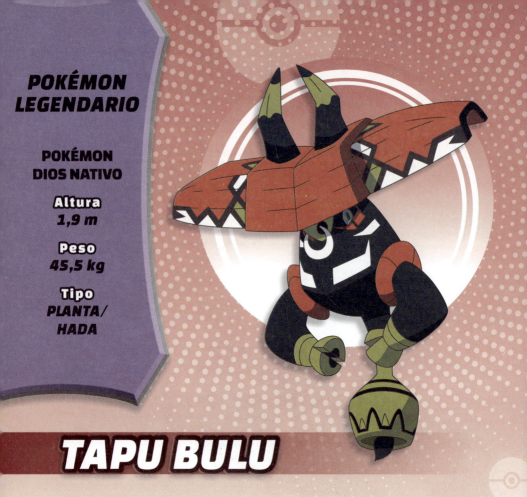

TAPU BULU

Tapu Bulu tiene cierta fama de ser perezoso; en lugar de combatir directamente contra sus oponentes, los inmoviliza con unas lianas. Después de que estas plantas crezcan de manera exuberante, el Pokémon absorbe la energía de sus contrincantes. Se lo conoce como el guardián de Ula-Ula.

Además de hacer crecer las plantas, las utiliza como fuente para fortalecerse. Es tan vigoroso que hasta puede arrancar árboles enteros y hacerlos girar. Según cuentan los mitos, en una ocasión usó esta técnica para echar a unos ladrones de sus preciadas ruinas.

Se podría decir que gana a sus enemigos no con la fuerza física, sino con su inteligencia. Después de atraparlos con la vegetación, acaba de debilitarlos asestándoles un buen golpe con sus cuernos de madera, que puede hacer crecer gracias a sus asombrosos poderes.

Aunque es un contrincante formidable, prefiere no luchar, y le preocupa que su apariencia asuste a los otros Pokémon. Lo más probable es que lo oigas antes de verlo, porque para avisar de que está llegando emite un fuerte timbrazo. ¡Sigue el repique de su cola si quieres ver al increíble Tapu Bulu!

TAPU FINI

Tapu Fini es capaz de controlar y purificar el agua. Si siente que está en peligro, invoca una densa niebla para confundir a sus enemigos. Este Pokémon, que obtiene energía de las corrientes oceánicas, es conocido como el guardián de Poni.

Le da miedo hacerse daño y por eso no le gusta luchar, pero su habilidad para crear niebla mantiene alejados a sus enemigos.

Además de usar el agua para protegerse, también protege el agua. El agua que Tapu Fini limpia puede purificarlo todo, incluso la mente. Por este motivo son muchos los que se interesan por su agua, pero no todos tienen las mejores intenciones, así que el Pokémon los pone a prueba comprobando si son capaces de aguantar sus fuertes vapores. Sin embargo, puedes considerarte afortunado si recibes un ataque de la niebla de este legendario, porque no le gusta dejarse ver ante las personas, ya que se ha topado con muchos sinvergüenzas. Tapu Fini nunca muestra ninguna emoción, ni siquiera en los combates.

POKÉMON LEGENDARIO

POKÉMON DIOS NATIVO

Altura
1,3 m

Peso
21,2 kg

Tipo
AGUA/HADA

TAPU KOKO

Tapu Koko, que adolece de una cierta falta de concentración, se enfada rápidamente, pero luego olvida enseguida el motivo. Este Pokémon, conocido como el guardián de Melemele, invoca las nubes de tormenta y acumula sus rayos como energía.

En el campo de batalla es absolutamente electrizante. Después de acumular los relámpagos de las nubes de tormenta, dispara un rayo cuando se encuentra cara a cara con su enemigo. El ataque de este legendario es tan rápido que los oponentes ni siquiera lo ven venir, y es demasiado veloz para verlo a simple vista.

Este Pokémon curioso y juguetón se interesa a menudo por otros Pokémon y por la gente, y justamente se fijó en Ash cuando este llegó a Alola. Primero le quitó la gorra y luego lo retó a un combate y se aseguró de que Ash recibiera una pulsera Z y un electrostal Z.

POKÉMON LEGENDARIO

POKÉMON DIOS NATIVO

Altura
1,8 m

Peso
20,5 kg

Tipo
ELÉCTRICO/ HADA

POKÉMON LEGENDARIO

POKÉMON DIOS NATIVO

Altura
1,2 m

Peso
18,6 kg

Tipo
PSÍQUICO/
HADA

TAPU LELE

Cuando revolotea, le caen unas escamas brillantes y la gente las recoge para gozar de buena salud. Este Pokémon, que obtiene energía de la fragancia de las flores, es conocido como el guardián de Akala.

Aunque puede aumentar sus poderes mediante el olfato, si no tiene suficiente energía como para combatir, planteará una estrategia ingeniosa con cambios de estado a fin de detener a su enemigo.

Sin embargo, es más famoso por sus poderes curativos que por sus habilidades en combate. Según un antiguo mito de Alola, Tapu Lele devolvió la paz al archipiélago cuando estaba en guerra ya que compartió sus especiales escamas para sanar a los guerreros. Más recientemente, Ash las utilizó para curarse unos rasguños que se había hecho al salvar a un Wimpod.

Pero abusar de lo bueno también puede ser perjudicial, y no es recomendable tocar demasiadas escamas curativas de Tapu Lele. El Pokémon lo sabe y a menudo se aprovecha de ello. ¡Y no lo verás advirtiendo a nadie de tal peligro, así que ve con cuidado!

ZERAORA

Zeraora es conocido por sus impresionantes garras, ya que puede electrificarlas y asestar un buen puñetazo que debilite por completo a su enemigo. Aunque esquive el golpe, los destellos que salgan volando electrocutarán a su contrincante.

De hecho, puede crear una enorme esfera de electricidad usando Puños Plasma. El impacto es tan fuerte que Dia, un Entrenador y exultraranger, pidió a Zeraora que usara Puños Plasma para ahuyentar al Ultraente Guzzlord. Cuando Ash y Pikachu tuvieron la suerte de enfrentarse a este Pokémon mítico, no es de extrañar que Puños Plasma fuera el movimiento decisivo que sentenció el combate.

POKÉMON MÍTICO

POKÉMON FULGOR

Altura
1,5 m

Peso
44,5 kg

Tipo
ELÉCTRICO

Además de tener tanta fuerza, su velocidad también es increíble. En los combates, sus ataques de tipo Eléctrico parece que van a la velocidad de los rayos. A pesar de que la mayoría de sus oponentes se centran en sus garras, un buen Entrenador vigilará también con su cola. Es blandita, pero puede electrocutarte.

POKÉMON LEGENDARIO

POKÉMON MULTIGÉNICO

Altura
1,9 m

Peso
120,5 kg

Tipo
NORMAL

CÓDIGO CERO

Código Cero, también conocido como el Pokémon Multigénico, lleva una máscara muy pesada que frena sus poderes. Hay quien teme que, sin la máscara, se le descontrolarían los poderes y lo destruiría todo.

Lo fabricaron unos humanos y hay que ir con mucho cuidado a su alrededor. Posee una misteriosa fuerza oculta que puede provocar unos daños terribles, y por eso hay que frenarlo. Mucha gente tiene miedo de su furia, de ahí que le pusieran la máscara.

CÓDIGO CERO TAMBIÉN SE ENCUENTRA EN LA REGIÓN DE GALAR

CÓDIGO CERO → SILVALLY

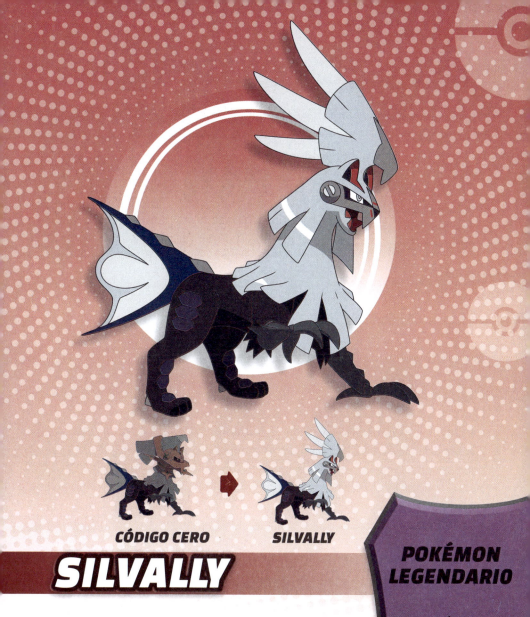

CÓDIGO CERO → **SILVALLY**

SILVALLY

Silvally es la evolución de Código Cero. La transformación ocurre cuando aprende a confiar en su Entrenador y se quita la máscara de contención. Silvally puede cambiar su tipo durante la batalla, así que es un contrincante formidable.

Su habilidad para cambiar de tipo suele dejar anonadados a sus enemigos. Puede que empieces el combate luchando contra un Pokémon de tipo Normal, pero no sabes a qué enemigo te enfrentas realmente. Recuerda que el Pokémon Multigénico es muy poderoso, independientemente del lugar, el momento o el tipo que sea.

POKÉMON LEGENDARIO

POKÉMON MULTIGÉNICO

Altura
2,3 m

Peso
100,5 kg

Tipo
NORMAL

MISIÓN: RECUERDO TOTAL

Lillie estaba sola en su habitación llorando. La amiga de Ash había visto una cosa que le había traído un recuerdo horroroso y no podía dejar de pensar en ello: un Pokémon con las garras muy afiladas abalanzándose sobre ella. No sabía qué había pasado exactamente ni cuándo había sido; tan solo recordaba los feroces ojos rojos del Pokémon. Tenía tanto miedo que no se atrevía a tocar ningún Pokémon, ni siquiera a su mejor amigo, Nivi, su pequeño Vulpix de Alola.

Nivi sacudió la cola y alzó sus grandes ojos azules hacia ella, pero la chica no logró reunir el coraje para abrazarlo.

—Lo siento mucho —le susurró con los ojos llenos de lágrimas.

Cuando el hermano de Lillie, Gladion, regresó a su habitación aquella noche, se sorprendió al ver que el cruel científico Faba estaba esperándolo. Faba trabajaba para la madre de Gladion, Lusamine, presidenta de un laboratorio de investigación de Alola, la Fundación Æther. Faba había creado al Pokémon legendario Silvally para combatir contra los Ultraentes y usarlo en sus malvados experimentos. Pero le había puesto una horrible máscara para contener sus poderes y le había dado un nuevo nombre: Código Cero. A Gladion no le gustaba cómo Faba trataba a Código Cero, así que lo rescató y lo cuidó en secreto.

—¿Qué quieres? —le espetó Gladion a Faba.

—He venido para llevarme a Código Cero —le dijo el científico, y añadió que era una orden de la madre de Gladion.

—¿Te crees que te devolveré a Silvally? —respondió el chico.

Gladion sacó a Lycanroc y a Umbreon para combatir contra el Alakazam y el Hypno de Faba. Lycanroc atacó con Roca Afilada, pero Hypno la hizo añicos con Reflejo. A continuación, Umbreon usó Bola Sombra, pero Alakazam la destruyó con Gran Ojo. Antes de que Gladion pudiese reaccionar, Faba ordenó a Hypno que debilitara a Lycanroc con Hipnosis. Alakazam aprovechó el momento para estampar a Umbreon contra la pared con un potente Psíquico, de modo que Gladion se quedó sin Pokémon.

—¡Ríndase! —le dijo Faba.

—¡Eso nunca! —repuso Gladion.

—Hypno, usa Hipnosis —ordenó el científico. A continuación, se volvió hacia Gladion—: Es el momento perfecto para echarse una siesta.

Aturdido, Gladion sacó a Silvally, pero al cabo de unos instantes se quedó dormido. Faba atrapó al Pokémon legendario y se fue.

Al día siguiente, en la escuela, los compañeros y los profesores de Lillie intentaron animarla. Gracias a sus palabras, la chica se armó de valor e intentó tocar a Nivi..., pero cuando el Pokémon saltó sobre ella, Lillie se asustó y se negó a abrazarlo. Estaba triste, pero le prometió a Nivi que seguiría intentándolo.

Al terminar las clases, Ash, la RotomDex, Pikachu y su amigo Nebulilla, el Pokémon legendario Cosmog, se ofrecieron a acompañar a Lillie y Nivi a casa. Mientras paseaban, estuvieron comentando su miedo a tocar los Pokémon y los horripilantes recuerdos que tenía. Le gustaría saber todo lo que había pasado, en lugar de recordar solamente el momento en que ese aterrador Pokémon le saltó encima, y pensaba que podría superar el miedo si conseguía recordar toda la historia.

—¿Cómo he podido olvidar algo tan horroroso? —se preguntó—. ¡Tengo que saber todos los detalles de lo que ocurrió!

Nebulilla, al ser de tipo Psíquico, decidió usar Teletransporte para ayudar a Lillie. Primero quiso que se sintiera a gusto y la llevó a lugares donde había vivido recuerdos felices: desde la playa hasta el restaurante favorito de su familia, pasando por la habitación que antes compartía con su hermano. Luego, Nebulilla llevó a Lillie y a sus amigos a otro lugar de su pasado: la entrada subterránea a la Fundación Æther. Sin embargo, Lillie sabía que no tenía permiso para estar en esa parte del laboratorio, así que ¿qué hacían ahí?

Faba, que estaba en su despacho, se dio cuenta de que había habido un fallo de seguridad.

—¡Oh, no! ¿Cómo es posible que se haya acordado?

Mientras tanto, en otro despacho de la Fundación Æther, Gladion estaba disgustado con su madre, Lusamine. Quería saber por qué le había ordenado a Faba que se llevara a Código Cero, pero la mujer no sabía de qué le estaba hablando su hijo. La última noticia que le había llegado del proyecto de Faba para crear a Código Cero es que no había salido adelante.

—¡No es cierto! —contestó Gladion—. ¡Código Cero nos salvó!

Gladion le contó que hacía cuatro años Faba abrió un Ultraumbral en la mismísima Fundación Æther, del cual apareció un Ultraente que rodeó a Lillie con sus tentáculos para intentar secuestrarla. Por suerte, Código Cero se interpuso y la salvó.

—Lillie ha bloqueado completamente el recuerdo, porque se asustó mucho cuando el Ultraente la atacó —explicó Gladion.

Lusamine no sabía que su hija había tenido tal encuentro con un Ultraente, pero eso explicaba por qué tenía miedo de tocar a los Pokémon. Gladion y Lusamine se encaminaron hacia el despacho de Fabio para rescatar a Código Cero.

Al mismo tiempo, Fabio buscaba a Lillie por la Fundación Æther. Quería borrarle todos esos recuerdos de una vez por todas, porque le preocupaba que descubriera sus malvados planes, así que se apresuró a ir a hablar con ella.

—¿Cuánto recuerda ahora? —le preguntó el científico, y la agarró de los hombros—. No importa, muy pronto lo habrá olvidado todo.

Faba ordenó a Hypno que usara Hipnosis. El Pikachu de Ash intentó detener el ataque con Cola de Hierro, pero Hypno usó Reflejo para apartar a Pikachu.

—Llegados a este punto, me parece que tendrían que tomarse una siesta —dijo Faba—. ¡Hypno, es el momento de usar Hipnosis!

En un segundo, Nebulilla usó Teletransporte para ayudar a Ash y Pikachu a esquivar el ataque de Hypno. Pero Faba ordenó a Alakazam que usara Psíquico para empotrarlos contra la pared, y luego Hypno los congeló con Psíquico para que no pudieran moverse. Lillie consiguió liberarse del científico e intentó ayudarles, pero Alakazam volvió a usar Psíquico, esta vez para atraparla y elevarla de modo que quedara flotando en el aire.

Justo entonces llegaron Lusamine y Gladion.

—¡Lillie! —exclamó su madre al ver a la chica.

Gladion sacó a su amigo Código Cero, que apareció con un gruñido tan potente que rompió la máscara que Faba le había hecho para contener sus poderes. Ahora volvía a ser él mismo: ¡el poderoso y legendario Silvally!

—¡Rápido, Silvally! Salva a Lillie, necesita tu ayuda —gritó Gladion.

El Pokémon saltó hacia la chica, la liberó del ataque Psíquico y la llevó hasta suelo firme sana y salva. Eso hizo que Lillie lo recordara todo: Silvally la había salvado del mismo modo de un Ultraente. Los ojos rojizos de su recuerdo no eran de un Pokémon malvado, sino de un héroe. ¡Era Silvally! ¡Por fin sabía qué había ocurrido!

Sin embargo, el combate contra Faba no había terminado. Gladion le lanzó un disco brillante a Silvally y este lo encajó en una ranura especial que tenía en la cabeza.

—¡Acepta este Disco Siniestro y conviértete en el ente oscuro que porta el caos! —le pidió Gladion al Pokémon legendario.

Instantáneamente, Silvally se transformó en un Pokémon de tipo Siniestro y usó Multiataque para debilitar a Hypno y a Alakazam. Faba se vio obligado a salir corriendo.

—¡Genial! —exclamó Ash.

Lillie se acercó a Silvally, el héroe que la había salvado dos veces.

—Lo he recordado —dijo la chica—, ¡tú eres quien me salvó! —Y entonces le dio un fuerte abrazo.

—¡Lo está tocando! —observó la RotomDex.

Nivi, Pikachu y Nebulilla corrieron hacia ella para unirse al abrazo.

—¡Lo he logrado! —celebró Lillie—. ¡Puedo tocar a los Pokémon! ¡Qué bien!

POKÉMON LEGENDARIOS Y MÍTICOS DE GALAR

POKÉMON LEGENDARIO

POKÉMON GUERRERO

GUERRERO AVEZADO

Altura
2,8 m

Peso
110,0 kg

Tipo
HADA

ESPADA SUPREMA

Altura
2,8 m

Peso
355,0 kg

Tipo
HADA/ACERO

ZACIAN

Zacian es uno de los dos valientes guerreros de la famosa leyenda del héroe de Galar. Sin embargo, durante muchos siglos nadie supo de su existencia. De hecho, si un Entrenador se topaba con este Pokémon legendario, su Pokédex no lo reconocía.

A pesar de todo eso, es innegable que Zacian cuenta con un poder impresionante. Quienes tienen la fortuna de verlo siempre se quedan perplejos. Este Pokémon está considerado como un héroe de leyenda. Absorbe el metal para transformarlo y emplearlo como armamento. Si consigue

GUERRERO AVEZADO

ESPADA SUPREMA

la espada que utilizó en la antigua leyenda, adopta su forma Espada Suprema. Esta forma había servido como arma en tiempos remotos, y es capaz de abatir de una sola estocada incluso a un Pokémon Gigamax. Quizá por eso se lo conoce como la Regia Espada Silvana.

Si en alguna ocasión Galar vuelve a ser castigado con el regreso del cruel Eternatus, se deberá invocar a Zacian en el altar oculto que hay en el Bosque Oniria.

GUERRERO AVEZADO

ZAMAZENTA

Igual que su compañero, Zacian, Zamazenta no apareció en las Pokédex durante mucho tiempo. Era un Pokémon desconocido, a pesar de que había desempeñado un papel destacado en la antigua leyenda del héroe de Galar. Este Pokémon se erigió como salvador de Galar, tras unir fuerzas con un rey de los hombres, y absorbe el metal para utilizarlo en combate.

Comparte el título de Pokémon Guerrero con Zacian, y juntos forman un equipo imparable con un equilibrio perfecto. Por eso incluso Eternatus sucumbió ante el ataque coordinado de Zacian y Zamazenta.

Se suele decir que el mejor ataque es una buena defensa, y precisamente por dicha razón hay que vigilar con Zamazenta. Cuando consigue el antiguo escudo que se puede hallar en su altar oculto en el Bosque Oniria, Zamazenta adopta temporalmente su forma Escudo Supremo. Con el escudo, no retrocede ni siquiera ante un potente ataque de Eternatus. Los que han tenido la suerte de ver a Zamazenta en acción sienten una absoluta admiración por el poder del escudo. Su habilidad para bloquear cualquier ataque le ha valido el nombre de Regio Escudo Guerrero. Todo el mundo lo teme y lo venera.

POKÉMON LEGENDARIO

POKÉMON GUERRERO

GUERRERO AVEZADO

Altura
2,9 m

Peso
210,0 kg

Tipo
LUCHA

ESCUDO SUPREMO

Altura
2,9 m

Peso
785,0 kg

Tipo
LUCHA/ACERO

ESCUDO SUPREMO

POKÉMON LEGENDARIO

POKÉMON GIGANTESCO

Altura
20,0 m

Peso
950,0 kg

Tipo
VENENO/
DRAGÓN

ETERNATUS

Fue hallado en el interior de un meteorito que se estrelló en Galar hace veinte mil años. Se alimenta de la energía que brota de la tierra de Galar absorbiéndola por el núcleo del pecho. Gracias a su conexión con las Partículas de Galar, se cree que tiene la respuesta a algunas de las preguntas sobre el misterioso fenómeno Dinamax.

Cuando recupera fuerzas, se convierte en un Pokémon muy activo... y muy destructivo. Es una fuerza que debe contenerse, pero no es nada fácil conseguirlo. Aunque es enorme y pesa casi una

tonelada, su cuerpo es muy flexible y es capaz de enroscarse para evitar que lo capturen.

Para el pueblo de Galar, Eternatus es el villano de la leyenda del héroe, un Pokémon apodado «la Negra Noche». Sin embargo, Rose, el presidente de la empresa energética de Galar, lo renombró como Eternatus y se obsesionó con la idea de usar su poder ilimitado para beneficio de su compañía.

Desde los acontecimientos que narra el antiguo mito, nadie había visto ni escuchado a Eternatus, pero todo cambió cuando Rose restauró su poder al construir un laboratorio bajo el Estadio de Artejo, un lugar donde se concentraban las Partículas de Galar, para que pudiera restaurar su fuerza y reaparecer.

LA LEYENDA DE LA ESPADA Y EL ESCUDO

En la Región de Galar, algunos Pokémon pueden dinamaxizarse, un fenómeno que hace que crezcan hasta tamaños gigantescos de manera temporal. Normalmente los Pokémon se dinamaxizan en el Área Silvestre o en los estadios, y los Entrenadores necesitan un brazalete especial. Sin embargo, el profesor Cerise últimamente había recibido varios informes indicando que algunos Pokémon se habían dinamaxizado de forma aleatoria por toda la región y habían provocado el caos. Por eso pidió a Ash y a Goh que viajaran a Galar para investigar y que buscaran a la profesora Magnolia, una científica especializada en el fenómeno Dinamax.

De camino a Galar, Ash y Goh bajaron del tren para perseguir a un Bunnelby, que terminó llevándolos al Bosque Oniria, y antes de que se dieran cuenta una densa niebla los había mandado en direcciones opuestas.

De pronto, Ash se encontró ante un Pokémon muy singular. Usó el SmartRotom, pero la Pokédex estaba en blanco:

—¡Este Pokémon no coincide con ningún dato registrado!

—¡Imposible! ¿Es un Pokémon nuevo? —preguntó Ash mientras examinaba a la majestuosa criatura.

En el otro lado del Bosque Oniria, Goh se topó con otro Pokémon desconocido. Igual que Ash, ¡él tampoco podía creerse la suerte que había tenido!

Como eran Entrenadores Pokémon, Ash y Goh estaban decididos a capturar a esos increíbles Pokémon. Pikachu intentó atacarlo con Cola de Hierro, pero el golpe del Pokémon Ratón atravesó sin más a su misterioso contrincante.

—¡Vaya! ¿Has visto eso? —preguntó Ash a Pikachu, asombrado.

Por su lado, el Raboot de Goh quiso iniciar un combate usando Brasas, pero tuvo el mismo problema que Pikachu.

¿Era posible que esos Pokémon fuesen intocables?

Antes de que los Entrenadores pudieran resolver sus dudas, ¡los enigmáticos Pokémon se desvanecieron!

Ash y Goh, cada uno por su cuenta, lograron salir del bosque. Perdieron el tren, pero ambos terminaron haciendo un nuevo amigo y decidieron mantener el contac-

to cuando sus misiones los llevasen en direcciones diferentes.

Ash terminó uniéndose a Lionel, el Campeón de la Región de Galar. Después de que un Centiskorch se dinamaxizara de golpe y se descontrolara en una ciudad cercana, Lionel intervino para salvarlos y logró devolver el Pokémon a la normalidad. Antes de irse les prometió a los ciudadanos de la localidad que descubriría qué ocurría.

Goh se encontró con su amiga Sonia, que resultó ser la nieta de la profesora Magnolia. La chica estaba buscando las valiosas Partículas Galar que había esparcidas por toda la región y también estaba estudiando qué había provocado que esos Pokémon se hicieran enormes. Su abuela y ella creían que tenía alguna relación con la leyenda del héroe de Galar, que trataba de unos gigantescos Pokémon descontrolados. Por suerte, la leyenda tenía un final feliz: dos héroes con una espada y un escudo salvaron Galar de la Negra Noche.

Poco después, la profesora Magnolia recibió a Goh y Sonia en su laboratorio. Le explicó a Goh que había trabajado con Rose, que reclutaba y ayudaba a jóvenes Entrenadores con un gran talento, como Lionel, y además, era el presidente de Macrocosmos, una empresa que suministraba energía eléctrica a toda la Región de Galar. También había desarrollado las Banda Dynamax usando las Partículas Galar, que se encuentran en Estrellas Deseo.

—Hacen aflorar un poder que reside en el interior de los Pokémon y los empuja a dinamaxizarse —explicó la profesora Magnolia.

Les contó que las Partículas Galar eran muy dinámicas y que podrían usarse para producir energía útil para toda la región. Quería continuar investigándolas, pero le preocupaba que alguien pudiese abusar de sus resultados.

—Rose no se detendrá hasta que haga realidad sus sueños —les advirtió la profesora. Tenía la intuición de que Rose podía ser el responsable de que los Pokémon se dinamaxizaran y se descontrolaran.

A continuación, Sonia y Goh fueron a visitar un mural ancestral sobre la leyenda, pero ¡un agente secreto de Rose intentó secuestrarlos! Lucharon con Goh y

terminaron revelando una antigua estatua de piedra en la que se veía a dos héroes muy orgullosos, dos Pokémon desconocidos, una espada y un escudo.

Goh no podía creérselo... ¡Uno de los que aparecía en la estatua era idéntico al misterioso Pokémon que había conocido en el Bosque Oniria!

Goh y Sonia leyeron la inscripción. El Pokémon legendario que tenía la espada en la boca se llamaba Zacian, y el que tenía el escudo era Zamazenta. Goh estaba seguro de que el Pokémon que había visto en el Bosque Oniria era Zamazenta, así que le envió una foto de la estatua a Ash con su SmartRotom. ¿Quizá su amigo también había visto un Pokémon misterioso en el bosque?

—¡Sí! ¡Así es! —le confirmó Ash al ver la estatua de Zacian—. ¡Es igual al Pokémon que vi!

Goh y Sonia ahora estaban seguros de que la única manera de detener la Negra Noche era encontrando a Zacian y Zamazenta, de modo que se dirigieron al Bosque Oniria para pedirles ayuda.

Mientras tanto, Lionel se coló en las minas de Rose en Ciudad Artejo, porque él también creía que el presidente de Macrocosmos podría estar detrás de los Pokémon descontrolados. Allí descubrió un gran globo dorado sobrecargado de Partículas Galar... ¡que estaba a punto de explotar!

—Si esto continúa así, ¡Eternatus podría escapar del hangar! —gritó uno de los agentes de Rose.

—No podemos hacer nada a Eternatus sin la aprobación de Rose —le recordó otro agente.

Ahora Lionel no tenía ninguna duda de que Rose era el responsable de todo aquello. Y lo peor es que estaba provocando el regreso de la Negra Noche, del Pokémon legendario Eternatus.

De pronto, un potentísimo rayo de luz roja subió hasta el cielo, por encima del Estadio Artejo, que estaba situado justo sobre el hangar. Entonces, del globo dorado salió una garra... y enseguida apareció Eternatus, gruñendo y arrastrándose por el suelo. ¡El Pokémon escapó por el techo de las minas y llegó hasta el estadio! Lionel se temía lo peor, así que Charizard y él empezaron a perseguirlo.

En lo más profundo del Bosque Oniria, Sonia y Goh llamaron a Zacian y Zamazenta. Los Pokémon legendarios oyeron sus gritos y se dejaron ver, y Goh y Sonia les contaron que se había restaurado la Negra Noche y que Galar necesitaba su ayuda otra vez.

Uno al lado del otro, ambos Pokémon condujeron a Goh y a Sonia hacia una densa niebla y desaparecieron entre el humo. Sin embargo, cuando la niebla se disipó, encontraron un altar en el que había una espada y un escudo.

—¡Son los de la leyenda! —exclamó la chica cuando ató cabos.

Sonia y Goh iniciaron un viaje contrarreloj para llevar la espada y el escudo hasta el Estadio Artejo.

Cuando Ash y Pikachu llegaron al estadio montados sobre Dragonite, se encontraron cara a cara ante Eternatus. Con un rápido movimiento, el Pokémon los lanzó al suelo y luego emitió un gruñido con una luz roja.

—Piiikaaaaaa —susurró Pikachu, asustado.

Rose había seguido a Eternatus hasta el estadio. Estaba orgulloso de haber conseguido revivir la Negra Noche y les contó a Ash y Lionel su malvado plan para usar el Pokémon legendario para crear energía para su compañía:

—Eternatus genera un sinfín de Partículas Galar. ¡Es el Pokémon de mis sueños!

—Pero después de cada rayo de luz, los Pokémon se dinamaxizan. ¡Y luego se descontrolan y lo destrozan todo! —repuso Lionel, y le suplicó a Rose que cambiara sus planes.

—Precisamente por ese motivo he estado buscando Entrenadores Pokémon con un gran talento, como tú. Ahora capturarás a Eternatus —le indicó Rose—, ¡y luego el Pokémon hará lo que yo le ordene!

—¡Eternatus es muy peligroso! —contestó Lionel.

El Pokémon soltó un gruñido estremecedor y rompió el techo del estadio para salir al exterior. Sobrevoló el cielo debajo de una nube negra que se arremolinaba y continuó atrayendo las Partículas Galar hacia su núcleo para aumentar sus poderes.

—¡Ya queda poco para que Eternatus se regenere completo! —celebró Rose, extasiado—. ¡Lionel, ha llegado tu momento de gloria!

—Lo capturaré —prometió el Entrenador—, pero ¡luego lo encerraré!

—¿Acaso quieres destruir todo lo que tanto me he esforzado en construir? —le gritó Rose, que ahora estaba rabioso, y entonces sacó a Copperajah para detener a Lionel.

Ash y Pikachu intervinieron e intentaron distraer a Rose con Cola de Hierro para que Lionel pudiese escabullirse e ir a luchar contra Eternatus.

De pronto, Eternatus emitió un destello enorme que hizo que todo el edificio temblara... iy lanzó a Pikachu hacia un lado!

—¡Pikachu, no! —gritó Ash. Tomó a su mejor amigo entre los brazos y vio que el Pokémon estaba demasiado débil para continuar el combate.

—¡Usa Latigazo! —ordenó Rose a su Copperajah y su Ferrothorn para que atacaran a Ash y Pikachu—. ¡Termina con ellos!

Pero el poderoso Riolu de Ash se puso delante de sus amigos para protegerlos y usó todas sus fuerzas para bloquear los golpes de sus enemigos. Al enfrentarse a tal peligro, ¡Riolu mostró una fuerza de voluntad tan potente que evolucionó a un increíble Lucario! ¡Ahora era incluso más poderoso y valiente! Tras un ataque doble de Esfera Aural, Copperajah y Ferrothorn no pudieron seguir con el combate.

—¡Muy bien, Lucario! —celebró Ash—. ¡Ahora vamos a ayudar a Lionel!

Ash encontró al campeón de Galar a la vez que se reencontró con su amigo Goh, y se alegró mucho de ver que su Raboot había evolucionado a Cinderace. ¡Iban a necesitar toda la fuerza posible para detener a Eternatus!

El Charizard de Lionel no paraba de enviar ráfagas de Corte Aéreo a Eternatus, y por fin estaba empezando a debilitar a su contrincante.

—¡Bien hecho! —gritó Lionel para animar a su compañero—. ¡Apunta hacia su boca!

Como Eternatus parecía debilitado, Lionel se atrevió a lanzarle una Ultra Bola especial para intentar atraparlo. Eternatus se metió en la Pokébola..., pero unos segundos más tarde la esfera se abrió y la luz roja de Eternatus los cegó a todos.

—¡Cuidado! —exclamó Lionel, y se puso frente a Ash y Goh para protegerlos.

Pero resultó herido por el impacto y no pudo continuar luchando. La oscura nube que se arremolinaba sobre el estadio ahora desprendía un brillo rojo. Eternatus se enrolló sobre sí mismo y se dirigió hacia el nubarrón. Cuando el resplandor disminuyó, Eternatus volvió a aparecer, pero esta vez había consolidado su forma definitiva y era más fuerte y grande.

Desde su helicóptero, un Rose sonriente ordenaba al Pokémon que siguiera sus indicaciones:

—¡Eternatus, demuéstrame tu poder ilimitado!

Este fijó la vista en Ash y Goh y emitió un gruñido impresionante.

—¡Me parece que tendremos que detenerlo! —dijo Ash.

—¡Vamos por él! —contestó su amigo.

De pronto, la espada y el escudo que Goh y Sonia habían encontrado en el Bosque Oniria se iluminaron.

—¡Ahora lo único que podemos hacer es convertirnos en los héroes de la leyenda! —anunció Goh, y tomó el escudo.

—¡Ven, Eternatus! —gritaron Ash y Goh.

—Por la gente y los Pokémon de Galar... —empezó Goh, muy orgulloso.

—¡Te detendremos ahora mismo! —terminó Ash.

La valentía de Ash y Goh invocó a Zacian y Zamazenta. Como dos rayos de luz, los dos salieron disparados hacia el cielo y se plantaron ante Eternatus, listos para combatir contra él. Cuando Zacian tomó la espada con la boca, esta se transformó en la forma Espada Suprema con un estallido de luz. Y Zamazenta, con el escudo en la boca, adoptó su increíble forma Escudo Supremo.

—Muy bien —dijo Ash, que tenía a Lucario, Pikachu y Cinderace a su lado—. ¡Entre todos lo conseguiremos! ¡Derrotaremos a Eternatus!

Zamazenta y Zacian se abalanzaron sobre la cabeza del Pokémon gigante, que empezó a emitir destellos rojos, como si fuesen fuegos artificiales.

—¡Está debilitándose! —exclamó Ash, animado.

Cinderace añadió un Balón Ígneo abrasador, Lucario envió una potente Aura Esfera y Pikachu le atacó con un Impactrueno electrizante. Eternatus soltó un chillido estremecedor.

—¡Quizá ahora podré atraparlo! —comentó Goh, esperanzado.

Sacó una Pokébola, que empezó a brillar con una luz blanca y se hizo tan grande que Goh apenas podía sujetarla.

—¡Pokébola, adelante! —gritó, y la lanzó en dirección a Eternatus.

El Pokémon gigante volvió a meterse en la Pokébola, pero... ¿conseguiría retenerlo esta vez?

—Los datos de Eternatus se han registrado en tu Pokédex —anunció el SmartRotom de Goh.

¡Lo había conseguido, había capturado a Eternatus! Al instante, la nube arremolinada desapareció del cielo y dio paso a una despejada noche estrellada. Zacian y Zamazenta se esfumaron a la velocidad del rayo.

—¡Galar está a salvo gracias a ustedes! —dijo Lionel a Ash, Pikachu, Lucario, Goh y Cinderace—. ¡Para mí, ustedes son los héroes de la leyenda!

—¡Qué va! —respondió Goh—. Pero sí sabemos quiénes son...

—¡Son Zacian y Zamazenta! —exclamó Ash.

POKÉMON LEGENDARIO

POKÉMON KUNG-FU

Altura
0,6 m

Peso
12,0 kg

Tipo
LUCHA

KUBFU · URSHIFU

KUBFU

Perfecciona su técnica mediante una estricta disciplina. Según la corriente marcial que siga, adoptará una forma u otra al evolucionar.

Al tirar de los mechones blancos de la cabeza, acrecienta su espíritu luchador y empieza a acumular fuerza en el órgano de su bajo vientre.

URSHIFU

Vive en zonas montañosas en áreas recónditas, donde entrena corriendo por escarpados riscos para fortalecer sus piernas y refinar su técnica.

POKÉMON LEGENDARIO

POKÉMON KUNG-FU

Altura
1,9 m

Peso
105,0 kg

Tipo
LUCHA/
SINIESTRO

ESTILO BRUSCO

Se considera que su estilo de lucha, a veces intenso y a veces comedido, se inspira en el fluir de la corriente de los ríos.

KUBFU

URSHIFU

ESTILO FLUIDO

POKÉMON MÍTICO

POKÉMON SIMIESTRO

Altura 1,8 m

Peso 70,0 kg

Tipo SINIESTRO/ PLANTA

ZARUDE

Viven en manada en la selva. Debido a su marcada agresividad, son muy temidos por otros Pokémon selváticos.

Las lianas que le brotan del cuerpo nutren y fertilizan el mantillo del bosque cuando se le desprenden.

REGIELEKI

Su cuerpo entero es energía eléctrica. Por lo visto, quitarle los anillos que lleva libera su poder oculto.

Todo su cuerpo es un órgano electrógeno, cuya potencia sería suficiente para abastecer la Región de Galar por completo.

POKÉMON LEGENDARIO

POKÉMON ELECTRÓN

Altura
1,2 m

Peso
145,0 kg

Tipo
ELÉCTRICO

REGIDRAGO

POKÉMON LEGENDARIO

POKÉMON DRAGOSFERA

Altura
2,1 m

Peso
200,0 kg

Tipo
DRAGÓN

Cierta teoría afirma que la forma de sus brazos representa la cabeza de un Pokémon dragón ancestral, aunque esto no ha podido verificarse.

Todo su cuerpo es una gema de energía dragón cristalizada. Se cree que posee los poderes de todos los Pokémon dragón.

POKÉMON LEGENDARIO

POKÉMON CALCULADOR

Altura
1,7 m

Peso
50,9 kg

Tipo
PSÍQUICO/VOLADOR

ARTICUNO DE GALAR

Las gruesas cuchillas en forma de pluma creadas a partir de energía psíquica son capaces de cortar una lámina de acero como si fuera papel.

Su nombre evoca el frío ártico, tal vez por los rayos que emite y que inmovilizan a sus rivales como si estuvieran congelados.

MOLTRES DE GALAR

Su aura maligna con aspecto de llama ardiente puede calcinar el alma de quien la toca. Este Pokémon legendario emite un aura maligna que le rodea el cuerpo y que arde cual llama.

POKÉMON LEGENDARIO

POKÉMON MALIGNIDAD

Altura
2,0 m

Peso
66,0 kg

Tipo
SINIESTRO/VOLADOR

POKÉMON LEGENDARIO

POKÉMON PATAS RECIAS

Altura
1,6 m

Peso
58,2 kg

Tipo
LUCHA/VOLADOR

ZAPDOS DE GALAR

El origen de su nombre parece provenir del sonido que produce el roce de su plumaje, que recuerda al estallido de un chispazo eléctrico.

La fuerza de sus patas es tal que podría reducir a chatarra un camión con una sola patada. Corre por las montañas a más de 300 km/h.

GLASTRIER

Libera un potente vaho gélido por las pezuñas. Un ser violento que no duda en tomar a la fuerza todo cuanto desea.

Cuenta con una fuerza física sobrecogedora. La máscara de hielo que le cubre el rostro es cien veces más dura que el diamante.

POKÉMON LEGENDARIO

POKÉMON CORCEL FEROZ

Altura
2,2 m

Peso
800,0 kg

Tipo
HIELO

SPECTRIER

Examina su entorno con todos los sentidos, salvo la vista. Se dice que sus coces son capaces de robarle el alma a quien las recibe.

Amante de la quietud y la soledad, galopa por las tinieblas nocturnas absorbiendo la energía vital de toda criatura que esté durmiendo.

POKÉMON LEGENDARIO

POKÉMON CORCEL VELOZ

Altura
2,0 m

Peso
44,5 kg

Tipo
FANTASMA

POKÉMON LEGENDARIO

POKÉMON REY

Altura
1,1 m

Peso
7,7 kg

Tipo
PSÍQUICO/PLANTA

CALYREX JINETE GLACIAL

POKÉMON EMPERADOR

Altura
2,4 m

Peso
809,1 kg

Tipo
PSÍQUICO/HIELO

CALYREX JINETE ESPECTRAL

POKÉMON EMPERADOR

Altura
2,4 m

Peso
53,6 kg

Tipo
PSÍQUICO/ FANTASMA

CALYREX

Un Pokémon muy compasivo agraciado con el poder de la curación. Reinó en Galar en tiempos remotos.

Calyrex Jinete Glacial no tenía piedad con quienes se interponían en su camino, pero se sabe también que curaba a sus rivales tras enfrentarse a ellos en combate.

Cuenta la leyenda que Calyrex Jinete Espectral recorrió Galar junto a un Pokémon al que le unía un fuerte vínculo para convertir todo páramo en un frondoso vergel.

Legendario monarca del antiguo Galar. Posee el poder de sanar el espíritu y de hacer brotar la vegetación.

Cuentan que a Calyrex Jinete Glacial le bastó una sola noche para llevar a un nuevo emplazamiento un vasto bosque y a todos los que en él habitaban.

Cuentan que salvó a las criaturas del bosque del impacto de un meteorito gracias a su capacidad para ver todo acontecimiento pasado y futuro.

POKÉMON LEGENDARIOS Y MÍTICOS DE UNA REGIÓN DESCONOCIDA

MELTAN

La mayoría de los datos que tenemos sobre Meltan provienen precisamente de Ash Ketchum y la RotomDex. Gracias a sus registros, el profesor Oak pudo nombrar y catalogar a este Pokémon míticos.

Todo empezó cuando un grupo de Meltan subió a bordo del barco que llevaba a Ash y a sus amigos a Poni, una isla de la Región de Alola. Sin embargo, no conocieron formalmente al Pokémon hasta que desaparecieron unas herramientas metálicas de una clase de la Escuela Pokémon. ¡Resulta que a Meltan le encanta todo lo que sea metálico!

También le gusta el reto de encontrar hasta los trozos más minúsculos de metal enterrados, y funde las partículas de hierro y otros metales del subsuelo para luego absorberlas. Se dice que mastica todo lo que halla: desde las tapas de las coladeras hasta las manijas de las puertas, pasando por la sartén del profesor Kukui. Si es metálico, seguro que le encantará.

Aunque su cuerpo está compuesto de acero líquido, este Pokémon también puede ser frágil. Cuando el Rowlet de Ash intentó salvarlo de un Murkrow en pleno vuelo, se dio cuenta de que su preciada tuerca hexagonal no estaba bien soldada. Rowlet atrapó el cuerpo de Meltan, pero la tuerca cayó al suelo. Por suerte, Rowlet ayudó a Meltan a recuperar la pieza que le faltaba y desde entonces son muy buenos amigos. De hecho, gracias a su relación, Ash le lanzó una Pokébola para atraparlo y Meltan se unió a su aventura.

POKÉMON MÍTICO

POKÉMON TUERCA

Altura
0,2 m

Peso
8,0 kg

Tipo
ACERO

MELTAN → MELMETAL

MELMETAL

Según el profesor Oak, se encuentran elogios a Melmetal y sus poderes en un gran número de textos antiguos, puesto que los pueblos de la Antigüedad pensaban que era un ser asombroso. Es conocido por una habilidad que parece mágica: ¡puede hacer aparecer hierro pesado de la nada! Al final de su vida, su cuerpo se oxida y se hace pedazos. Poco tiempo después, estos fragmentos que quedan dan vida a varios Meltan.

Este Pokémon mítico de tipo Acero desapareció hace unos tres mil años, pero, milagrosamente, se ha vuelto a ver recientemente. De hecho, se le atribuye a Ash el mérito de haber contribuido a redescubrirlo, gracias a la evolución de su amigo Meltan. Ni siquiera expertos como el profesor Oak y la RotomDex sabían que Melmetal era la forma evolucionada de Meltan, pero fueron testigos de ello junto con Ash, el profesor Kukui y sus amigos.

La evolución se inicia cuando un Meltan hace girar la tuerca, que emite un sonido especial. Eso atrae a un montón de Meltan cercanos, que se unen al primero, lo animan y bailan en círculos a su alrededor. Entonces se producen unos estallidos de energía por todo el círculo y, cuando el humo se desvanece, aparece un gigantesco Melmetal.

Justo después de que el Melmetal de Ash evolucionara, empezó a girar y girar, y luego levantó los puños al aire con gran ímpetu. Gracias

a la inercia y la fuerza centrífuga, los puñetazos que propina con sus pesadas tuercas son los más potentes del mundo Pokémon. El profesor Kukui nombró este nuevo movimiento como Ferropuño Doble, y fue precisamente este movimiento el que le supuso la victoria a Ash contra el profesor Kukui y su Empoleon en el primer campeonato de la Liga de Alola.

POKÉMON MÍTICO

POKÉMON TUERCA

Altura
2,5 m

Peso
800,0 kg

Tipo
ACERO